꼴찌들의 복음
(2)

누가복음 강해 설교집

김 사무엘

목 차

1. 너희가 먹을 것을 주어라
   (눅 9:10-17) · 6

2. 거반 죽게 된 자라야 구원을 받습니다
   (눅 10:25-37) · 14

3. 어떤 사마리아인의 비유에 대한 오해
   (눅 10:36-37) · 23

4. 성령의 하나 되게 하신 것을 힘써 지켜라
   (눅 11:1-4) · 31

5. 성령을 모독하는 죄를 짓지 말라
   (눅 12:1-10) · 38

6. 죄가 조금이라도 있으면 지옥에 갑니다
   (눅 12:54-59) · 47

7. 구원을 얻은 자는 희귀합니다
   (눅 13:22-30) · 57

8. 주님의 제자가 되기를 원합니까?
   (눅 14:25-33) · 66

9. 자기의 의를 다 잃은 자라야 구원을 받습니다
   (눅 15:11-24) · 75

10. 심령이 가난한 자라야 영생을 얻습니다
    (눅 16:19-31) · 85

11. 롯의 처를 생각하라 · 94
(눅 17:20-37)

12. 새빨간 거짓말 · 102
(눅 18:18-27)

13. 꼴찌 삭개오가 얻은 구원 · 113
(눅 19:1-10)

14. 요한의 세례가 어디로서냐? · 123
(눅 20:1-8)

15. 꼴찌들아, 재림의 날에 머리를 들라 · 132
(눅 21:20-28)

16. 성찬 예식에 담긴 원형의 복음 · 139
(눅 22:13-20)

17. 꼴찌들이 오직 믿음으로 얻은 구원 · 149
(눅 23:32-43)

18. 죄 사함을 얻게 하는 부활의 증인들 · 161
(눅 24:36-49)

머 리 말

누가복음은 의의 꼴찌라야 진리의 복음을 믿어서 구원을 얻는다고 선포합니다.

"물과 피로 임하신 자"(요일 5:6) 예수 그리스도의 복음을 믿어서 단번에 죄 사함을 받고 하나님의 자녀가 되는 은혜를 누가 받았습니까?

세리장 삭개오, 거지 나사로, 강도들에게 맞아서 거반 죽게 된 자, 열두 해 동안 혈루병을 앓았던 여인, 그리고 자기 의를 다 잃어버린 둘째 아들 등 의의 꼴찌들이 예수님을 만나서 구원을 받았습니다.

자기 의의 부자인 바리새인이나 서기관들은 **"죄 사함으로 말미암는 구원"**(눅 1:77)을 받지 못했습니다. 자기 의에 있어서 제일 꼴찌인 십자가의 한편 강도가 예수님을 구주로 믿고 낙원에 들어갔습니다.

자기 의의 꼴찌들이라야 구원을 받습니다.

이것이 누가복음의 일관된 메시지입니다.

2022년 8월 15일
제주 의제당(義齊堂)에서
김 정 수 사무엘 목사

너희가 먹을 것을 주어라

"사도들이 돌아와 자기들의 모든 행한 것을 예수께 고한대 데리시고 따로 벳새다라는 고을로 떠나 가셨으나

무리가 알고 따라왔거늘 예수께서 저희를 영접하사 하나님 나라의 일을 이야기하시며 병 고칠 자들은 고치시더라

날이 저물어가매 열 두 사도가 나아와 여짜오되 무리를 보내어 두루 마을과 촌으로 가서 유하며 먹을 것을 얻게 하소서 우리 있는 여기가 빈 들이니이다

예수께서 이르시되 너희가 먹을 것을 주어라 하시니 여짜오되 우리에게 떡 다섯 개와 물고기 두 마리 밖에 없으니 이 모든 사람을 위하여 먹을 것을 사지 아니하고는 할수 없삽나이다 하였으니

이는 남자가 한 오천 명됨이러라 제자들에게 이르시되 떼를 지어 한 오십명씩 앉히라 하시니

제자들이 이렇게 하여 다 앉힌 후

예수께서 떡 다섯 개와 물고기 두 마리를 가지사 하늘을 우러러 축사하시고 떼어 제자들에게 주어 무리 앞에 놓게 하시니

먹고 다 배불렀더라 그 남은 조각 열 두 바구니를 거두니라"(눅 9:10-17).

예수님께서 다섯 개의 떡과 두 마리의 물고기로 오천 명이 더 되는 사람들을 배불리 먹였습니다. 그 오병이어(五餅二魚)의 이적(異蹟)은 4복음서에 공히 기록되어 있습니다.

하나님을 믿지 않는 사람들은 "이 이적은 거짓말이다"라고 주장합니다. 어떤 신학자는, "그런 일이 어떻게 일어났겠느냐? 예수님

께서 사랑과 나눔에 대해서 설교하시자, 무리가 숨겨 놓았던 자기의 음식들을 모두 내놓아서, 모두 배불리 먹고도 남는 역사가 일어났다고 해석하는 것이 합리적이고 이성적이다"라고 주장합니다.

저는 오병이어(五餠二魚)의 이적(異蹟)을 기록된 말씀 그대로 믿습니다. 하나님은 전능하십니다. 아무것도 없었던 태초에, **"없는 것을 있는 것 같이 부르시는"**(롬 4:17) 하나님께서 온 우주와 그 안에 있는 것들을 말씀으로 한순간에 지으셨습니다.

예수님은 육신으로 오신 성자 하나님이셨기 때문에, 오병이어(五餠二魚)의 이적(異蹟)은 그리 놀라운 일이 아닙니다. 아무것이 없었어도 말씀 한마디로 오천 명을 먹이고도 남을 음식을 만드실 수 있는 능력의 하나님께서 있는 것(보리떡 다섯 개와 물고기 두 마리)을 축복하셔서 불리는 것은 놀라운 일도 아닙니다.

요한복음은 오병이어의 이적을 베푸신 예수님의 뜻을 가장 자세히 기록하고 있습니다. 예수님께서는 큰 무리가 당신에게 몰려오는 것을 보고 먼저 빌립에게, **"우리가 어디서 떡을 사서 이 사람들로 먹게 하겠느냐"**(요 6:5) 하고 물으셨습니다. 빌립은 계산이 빠른 사람이었습니다. 그는 무리의 수효를 가늠해 보더니, **"각 사람으로 조금씩 받게 할지라도 이백 데나리온의 떡이 부족하리이다"** 하고 대답했습니다.

그런데 안드레는, **"여기 한 아이가 있어 보리떡 다섯 개와 물고기 두 마리를 가졌나이다 그러나 그것이 이 많은 사람에게 얼마나 되겠삽나이까"**(요 6:9) 하고 예수님께 말씀드렸습니다. 우리는 안드레의 대답에서, 예수님께서 놀라운 역사를 하실 것을 기대하는 마음을 느낄 수 있습니다. 사람의 계산으로는 아무 소용도 없는 보리떡 다섯 개와 물고기 두 마리를 들고 나와서 주님의 역사를 기대하는 것이 믿음입니다.

　그러자 예수님은 제자들에게 사람들을 한 50명씩 무리를 지어 앉히게 하셨습니다. 그리고 주님은 떡과 물고기를 들어서 감사의 기도를 드리시고 떼어서 제자들에게 나눠 주게 하셨습니다. 그런데 놀랍게도 빵과 물고기가 계속 불어났습니다. 제자들이 떡을 하나 잡아서 찢어서 한 사람에게 주었는데, 남은 조각이 어느 틈에 도로 온전한 빵이 되어 있었습니다. 그렇게 물고기와 빵이 증가했습니다. 그래서 모든 사람이 배불리 먹고도 남은 것을 거두었더니 열두 바구니에 가득 찼습니다.

　보리떡 다섯 개와 물고기 두 마리는 진리의 복음을 상징합니다. 성경에서 다섯이라는 숫자는 은혜를, 또 둘이라는 숫자는 진리를 계시합니다. 예수님은 **"은혜와 진리가 충만"**(요 1:14)한 하나님의 독생자(獨生子)입니다. **"은혜와 진리가 충만"**한 예수님은 누구든지 믿기만 하면 죄 사함을 받고 영생을 얻는 능력의 복음으로 모든 사람들이 구원받기를 원하십니다.

　보리떡 다섯 개와 물고기 두 마리를 가지고 있었던 어린이는 하나님의 교회를 상징합니다. 하나님의 교회는 세상 사람들이 보기에도 무시할 만큼 소수의 모임입니다. 그렇지만 적은 무리인 하나님의 교회는 생명의 양식을 가지고 있습니다. 예수님께서 **"적은 무리여 무서워 말라 너희 아버지께서 그 나라를 너희에게 주시기를 기뻐하시느니라"**(눅 12:32)고 말씀하셨습니다. 세력이 너무 미약해서 세상에서는 눈에도 별로 띄지 않는데, 진리의 복음으로 죄 사함을 받은 의인들이 모여 있는 곳이 있습니다. 그곳이 하나님의 교회입니다.

　예수님께서 이적을 베푸시고 사역의 본거지인 가버나움으로 가셨습니다. 오랜만에 배불리 양식을 먹었던 사람들이 빈 들에서 밤을 지내고 아침에 일어나 보니, 예수님과 제자들이 그곳에 없었습니다. 그들은 황급히 예수님을 찾아서 가버나움으로 몰려왔습니다. 그들은 예수님을 다시 만났습니다.

예수님은 그들에게 "너희가 나를 찾은 것은 이적의 영적인 의미를 깨달은 것이 아니라 먹고 배불렀기 때문이다. 썩을 양식을 위하여 일하지 말고 썩지 아니할 양식을 위하여 하라"라고 말씀하셨습니다. 그리고 예수님은 "내가 하늘에서 내려온 생명의 떡이다"라고 말씀하셨습니다.

"나는 하늘로서 내려온 산 떡이니 사람이 이 떡을 먹으면 영생하리라 나의 줄 떡은 곧 세상의 생명을 위한 내 살이로라 하시니라"(요 6:51). 이 말씀을 들은 사람들은 예수님의 말씀을 이해할 수가 없어서, "이 사람이 어찌 능히 제 살을 우리에게 주어 먹게 하겠느냐" 하고 투덜거렸습니다.

그러자 예수님은 다음과 같이 말씀하셨습니다:

"내가 진실로 진실로 너희에게 이르노니 인자의 살을 먹지 아니하고 인자의 피를 마시지 아니하면 너희 속에 생명이 없느니라 내 살을 먹고 내 피를 마시는 자는 영생을 가졌고 마지막 날에 내가 그를 다시 살리리니 내 살은 참된 양식이요 내 피는 참된 음료로다

내 살을 먹고 내 피를 마시는 자는 내 안에 거하고 나도 그 안에 거하나니 살아계신 아버지께서 나를 보내시매 내가 아버지로 인하여 사는것 같이 나를 먹는 그 사람도 나로 인하여 살리라"(요 6:53-57).

"내가 너희들의 생명의 양식으로 이 땅에 왔는데, 이 양식은 내

살과 내 피로 구성되어 있다"라는 말씀입니다. 진리의 복음은 주님의 살과 주님의 피로 구성되어 있습니다. 그리고 이 둘, 즉 주님의 살과 주님의 피를 둘 다 먹어야만 영생이 있습니다. "먹는다" 또 "마신다"라는 말은 "믿는다"라는 의미입니다. 만약에 어떤 자가 주님의 살을 먹지 않고 피만 마시면, 그는 영생을 얻지 못합니다.

그러면 주님의 살은 무엇을 의미합니까? 영(靈)이신 성자(聖子) 하나님께서 육신을 입고 이 땅에 오신 이유가 있습니다. 예수님께서 인류의 대표자인 세례 요한에게 안수의 형식으로 세례를 받으셔서 죄를 담당하려면 육체가 필요했습니다.

그러니까 예수님의 "살, 몸, 육체"는 예수님께서 받으신 세례를 전제하는 말씀입니다. 따라서 "내 살을 먹으라"라는 말씀은 인류의 대표자인 세례 요한에게 안수의 형식으로 받으신 예수님의 세례가 인류의 죄를 담당하신 능력의 세례라는 사실을 믿으라는 말씀입니다.

예수님께서 세례를 받으신 이튿날, 세례 요한은 자기 앞을 지나가시는 예수님을 가리키며, **"보라 세상 죄를 지고 가는 하나님의 어린 양이로다"**(요 1:29)라고 증거했습니다. 예수님께서 육체를 입고 오셨기에, 안수의 방법으로 세상 죄를 넘겨받으실 수가 있었습니다. 예수님이 영으로 이 땅에 오셨다면, 어디에다 안수를 해서 우리의 죄를 넘기겠습니까? 따라서 예수님의 "몸, 살, 육체"는 예수님께서 요단강 물에서 받으신 세례를 의미합니다.

"내 살을 먹고 내 피를 마시는 자는 영생을 가졌고 마지막 날에 내가 그를 다시 살리리니 내 살은 참된 양식이요 내 피는 참된 음료로다"(요 6:54-55).

예수님의 살(세례)과 피(십자가)를 둘 다 믿어야만 영생을 얻습니다. 주님의 살을 먹지 않고 피만 마시는 자는 결코 구원을 받지 못합니다. 그러나 거의 절대다수의 기독교인들은 예수님의 살을 먹지 않고, 예수님의 피만 마시고 있습니다. 그래서 그들이 기독죄인(基督罪人)으로 남게 되었습니다.

유월절 어린양의 피를 문설주와 인방에 바르기만 했다고 유월절을 온전히 지킨 것이 아닙니다. 어린양의 살을 불에 구워서 다 먹어야만 합니다. 어린양의 피를 문에 바르고 그 살을 전부 불에 구워 먹어야만 죽음을 건너뛰어서 구원을 받습니다.

성찬의 예식에도 새겨진 물과 피의 복음

예수님은 잡히시기 전날 밤에 한 번 더 제자들의 마음에 진리의 복음을 새겨 주시려고, 떡과 포도주로 성찬의 예식을 세워 주셨습니다. 주님은 먼저 떡을 들어서 감사의 기도를 드리고 떼어서 나누어 주시며, **"받아 먹으라 이는 내 몸이니라"** 라고 말씀하셨습니다. 당신이 육체를 입고 와서 받은 세례의 능력을 믿으라는 말씀입니다.

또 주님은 포도주 잔을 들어서 감사의 기도를 드리시고, **"받아 마시라 이는 너희를 위해서 흘릴 내 언약의 피니라"** 라고 말씀하셨습니다. 당신이 흘리실 피가 받으신 세례로 담당한 인류의 모든 죄를 완벽하게 대속할 피임을 믿으라는 말씀입니다.

우리는 예수님께서 요단강에서 받으신 세례와 십자가의 피, 이 둘을 다 믿어야만 죄 사함을 받고 영생을 얻습니다. 그런데 기독교인들은 기를 쓰고 예수님의 살을 먹지 않습니다. 그 결과 그들은 기독죄인(基督罪人)으로 남게 되었습니다. 그들에게는 자기의 죄가 예수님께로 넘어간 증거의 말씀이 없기에 구렁이 담 넘어가듯이, "예수님께서 나의 죄를 십자가에서 담당하셨다"라고 고백합니다. 십자가는 죄를 짊어지고 담당한 곳이 아닙니다. 십자가는 세례로 담당하신 우리의 죄를 심판받으신 곳입니다.

주님께서 "내 살을 먹고 내 피를 마시는 자라야 영생을 얻는다"라고 말씀하셨습니다. 그러므로 지금까지는 몰라서 피만 마셨던 사람은 자기의 옛 믿음을 확 꺾어 버리고, "아! 물과 피의 복음이 진리이구나" 하고 믿음의 노선을 바꿔야 합니다. 예수님의 살은 먹지 않고 피만 마시는 그런 믿음은 거짓을 좇는 잘못된 신앙입니다.

예수님께서 세례를 받으실 때에 내 죄가 예수님께로 다 넘어갔습니다. 예수님의 세례를 믿는 것이 뭐가 그렇게 억울합니까? 예수님께서 합당하게 내 모든 죄를 없애 주시려고 인류의 대표자인 세례 요한에게 안수의 형식으로 세례를 받으셔서 내 죄를 담당하셨다는데, 뭐가 그렇게 못마땅해서 믿지 않겠다는 것입니까?

사도 요한은 요한일서 5장에서, 예수님은 육체를 입고 오신 하나님의 아들인데, 우리를 구원하기 위해서 **"물과 피로 임"**(요일 5:6)하셨다고 선포했습니다. **"물"**은 예수님께서 요단강 물에서 받으신 세례, 피는 십자가에서 흘리신 대속의 보혈입니다. 이 두 진리를 다 믿어야만 죄 사함으로 말미암는 구원을 받습니다. 우리는 부족하고 연약해서 날마다 죄를 지을지라도, 주님께서 **"물과 피"**로 우리를 죄에서 구원하신 사역은 완전하기 때문에, 그 완전한 구원의 복음을 믿는 우리는 언제든지 의롭습니다.

보리떡 다섯 개와 물고기 두 마리는 적은 무리인 하나님의 교회가 가지고 있는 진리의 원형복음(原形福音)입니다. **"물과 피의 복음"**이 성경대로의 복음(고전 15:3-4)입니다. 누구든지 이 복음을 믿으면 단번에 흰 눈같이 죄 사함 받고 하나님의 자녀가 됩니다. **"물과 피의 복음"**은 생명의 복음이며 능력의 복음입니다. **"물과 피의 복음"**은 능력이 있습니다. 이 능력의 복음을 사람들에게 나눠 주면 많은 무리가 배불리 먹고도 열두 광주리에 남습니다.

오병이어(五餠二魚)의 이적(異蹟)은 진리의 복음이 무엇이며 그것이 어떤 능력이 있는지를 분명히 밝혀 줍니다. 이제 진리의 복음은 십자가의 피만의 복음이 아니라 **"물과 피의 복음"**이라는 사실을 확인했다면, 사람들의 비난을 두려워하지 마시고 하나님을 두려워해야 합니다.

하나님께서는 외식하는 자들을 지옥에 처넣으시고, 적은 무리이지만 진리의 복음을 생명처럼 여기고 좇는 자들을 천국의 영생으로 인도하십니다.

거반 죽게 된 자라야
구원을 받습니다

"어떤 율법사가 일어나 예수를 시험하여 가로되 선생님 내가 무엇을 하여야 영생을 얻으리이까

예수께서 이르시되 율법에 무엇이라 기록되었으며 네가 어떻게 읽느냐

대답하여 가로되 네 마음을 다하며 목숨을 다하며 힘을 다하며 뜻을 다하여 주 너의 하나님을 사랑하고 또한 네 이웃을 네 몸과 같이 사랑하라 하였나이다

예수께서 이르시되 네 대답이 옳도다 이를 행하라 그러면 살리라 하시니

이 사람이 자기를 옳게 보이려고 예수께 여짜오되 그러면 내 이웃이 누구오니이까

예수께서 대답하여 가라사대 어떤 사람이 예루살렘에서 여리고로 내려가다가 강도를 만나매 강도들이 그 옷을 벗기고 때려 거반 죽은 것을 버리고 갔더라

마침 한 제사장이 그 길로 내려가다가 그를 보고 피하여 지나가고

또 이와 같이 한 레위 인도 그곳에 이르러 그를 보고 피하여 지나가되

어떤 사마리아인은 여행하는 중 거기 이르러 그를 보고 불쌍히 여겨

가까이 가서 기름과 포도주를 그 상처에 붓고 싸매고 자기 짐

승에 태워 주막으로 데리고 가서 돌보아 주고

이튿날에 데나리온 둘을 내어 주막 주인에게 주며 가로되 이 사람을 돌보아 주라 부비가 더 들면 내가 돌아 올 때에 갚으리라 하였으니

네 의견에는 이 세 사람 중에 누가 강도 만난 자의 이웃이 되겠느냐

가로되 자비를 베푼 자니이다 예수께서 이르시되 가서 너도 이와 같이 하라 하시니라"(눅 10:25-37).

누가복음은 "저에게는 의로운 것이 하나도 없습니다. 저는 지옥에 가야 마땅한 자입니다"라고 인정하는 소자(小子)들이라야 구원을 받는다고 선포합니다. 그래서 저는 누가복음 강해서에 "꼴찌들의 복음"이라는 별칭을 붙였습니다. 누가복음 10장의 "어떤 사마리아인의 비유"와 누가복음 15장에 기록된 "잃었던 양, 잃었던 은전, 잃었던 아들의 비유"는 이러한 누가복음의 특징을 잘 드러내고 있습니다.

어떤 율법사가 시험하려고 예수님께 와서, **"선생님 내가 무엇을 하여야 영생을 얻으리이까"**라고 물었습니다. 영생에 관한 질문은 아주 귀한 질문입니다. 우리 모두에게 천국 영생보다 값진 보물은 없습니다. 그런데 그의 질문 중에, 영생을 얻기 위해서 "내가 무엇을 하여야 한다"라는 고정 관념이 잘못입니다. 사람이 무엇을 행해서 영생을 얻는 것은 아닙니다. 영생은 오직 하나님의 아들이신 예수 그리스도를 믿어서 죄 사함을 받아야 얻는 것입니다. 그 율법사가 예수님께 드린 질문은 아예 전제 자체가 틀린 질문이었습니다.

예수님은 하나님이시니까 이 사람의 영적인 상태를 훤히 보시

면서 그에게 반문하셨습니다.

"율법에 무엇이라 기록되었으며 네가 어떻게 읽느냐?"

예수님은 두 가지를 물으셨습니다. "율법에 무엇이라 기록되었으며"라는 질문은 객관적 사실을 물으신 것이고, "(그것을) 네가 어떻게 읽느냐?"라는 질문은 율법에 대한 그의 주관적인 이해를 물으신 것입니다.

"네 마음을 다하며 목숨을 다하며 힘을 다하며 뜻을 다하여 주 너의 하나님을 사랑하고 또한 네 이웃을 네 몸과 같이 사랑하라 하였나이다." 그는 율법을 아주 환히 꿰고 있는 듯 정답을 말했습니다.

율법은 "하라"라는 명령(命令)과 "하지 말라"라는 금령(禁令)으로 구성되어 있습니다. 성경에 기록된 율법의 명령과 금령(do's and don'ts)은 모두 613개라고 합니다. 613개 조항의 계명은 이 율법사가 대답한 대로 두 개의 큰 계명으로 요약됩니다.

그 율법사가 정답을 말했기에, 예수님은 "네 대답이 옳도다 이를 행하라 그러면 살리라"라고 그에게 말씀하셨습니다.

그런데 "네 마음을 다하며 목숨을 다하며 힘을 다하며 뜻을 다하여 주 너의 하나님을 사랑하고 또한 네 이웃을 네 몸과 같이 사랑하라"라고 기록된 율법을 "우리가 어떻게 읽느냐?"가 중요합니다.

율법은 "거룩하며 의로우며 선"(롬 7:12)합니다. 율법은 하나님께서 정하신 선(善)의 절대적인 기준입니다. 그런데 선한 율법을 "어떻게 읽느냐?"에 따라 사람은 두 부류로 나뉘게 됩니다.

한 부류의 사람들은 "우리는 율법을 지켜야 하며 지킬 수 있다"라고 읽는 사람들입니다. 서기관이나 바리새인들이 이 부류에 속합니다. 그들은 "율법은 거룩하고 의로우며 우리는 율법을 잘 지켜 왔다"라고 생각하는 자기 의(義)의 부자들입니다. 자기 의의 부자가 천국에 들어가는 것은 낙타가 바늘귀로 들어가는 것보다 어렵습니다.

다른 한 부류는 "하나님, 주님은 '율법대로 행하면 살리라'라고 말씀하시지만, 저는 도저히 율법을 준행할 수가 없습니다. 하나님 저를 불쌍히 여겨 주십시오"라고 율법 앞에서 탄식하는 사람들입니다. 이런 사람들이 **"심령이 가난한 자"**(마 5:3)들입니다. 율법 앞에서 자기는 의가 전혀 없다고 고백하는 **"심령이 가난한 자"**들이 예수 그리스도의 은혜를 입고 거듭나서 천국의 영생을 누리게 됩니다.

이 율법사는 죄 사함을 받을 준비가 전혀 안된 자기 의(義)의 부자였습니다. 그래서 그는 **"자기를 옳게 보이려고 예수께 여짜오되 그러면 내 이웃이 누구오니이까"**(눅 10:29) 하고 주님께 물었습니다. 그는 "내 이웃이 누구인지 알려만 주시면 내가 그를 내 몸같이 사랑해 보겠다"라는 기세로 의기양양하게 예수님께 물었던 것입니다.

우리가 이웃을 **"내 몸같이"** 사랑할 수 있습니까? 사람은 이기적인 존재입니다. 정직한 사람은 이웃을 **"내 몸같이"**는 사랑할 수 없다는 사실을 인정합니다. 예수님은 그 율법사의 심령이 전혀 가난하지 않았기에, 그에게 **"어떤 사마리아인 비유"**를 들려주셨습니다.

어떤 사람이 여행하던 중에 강도들에게 맞아서 거반 죽게 되었습니다. 그는 길가에 버려져서 신음하고 있었습니다. 그 사람의 상태가 얼마나 처참했던지, 거룩한 척하며 지나가던 제사장이나 레위인은 죽을 지경에 이른 그 사람을 보고도 피하여 지나갔습니다.

그러나 어떤 사마리아인은 그를 불쌍히 여기고 그에게 다가가서 치료해 주고, 또 주막으로 옮겨서 돌보아 주었습니다. 그리고 먼 길을 떠나면서, 자신이 돌아올 때에 그 사람을 돌본 수고에 대해서 주막 주인에게 보상하겠다고 약속했습니다.

죄라는 강도떼와 싸워 보셨습니까?

거반 죽게 된 사람이 만났던 강도들은 죄를 상징합니다. 바르게 살아 보려고 몸부림치는 사람은 죄와 치열하게 싸워 봅니다. 그런데 정직한 사람은 죄와 싸워서 거반 죽게 됩니다. 우리가 율법을 심판관으로 세워 놓고 죄와 싸웠을 때, 심령이 정직한 사람은 백전백패를 하고 만신창이가 됩니다.

"**탐내지 말라**" 혹은 "**탐심은 우상 숭배니라**"라는 말씀을 심판관(judge)으로 세우고 우리가 자기의 마음을 정직하게 들여다볼 때에 우리는 우상 숭배자로 드러납니다. "**형제를 미워한 자마다 살인한 자니라**"라는 말씀 앞에 자기를 비추어 볼 때에, 우리는 살인자가 아닙니까? "**간음하지 말라**"라는 말씀을 해석해 주시면서, 예수님은 "**또 간음치 말라 하였다는 것을 너희가 들었으나 나는 너희에게 이르노니 여자를 보고 음욕을 품는 자마다 마음에 이미 간음하였느니라**"(마 5:27-28)고 말씀하셨습니다. 이 말씀 앞에서 정직한 사람은 "주님, 저는 날마다 간음하는 죄인입니다" 하고 고백하게 됩니다.

율법을 심판관으로 세워 놓고 죄와 치열하게 싸워 본 사람이라야 자기가 지옥에 가야 할 비참한 죄인임을 깨닫게 됩니다. 율법 앞에서 거반 죽게 된 자라야 진리의 복음으로 찾아오신 어떤 사마리아인을 만나게 됩니다.

어떤 사마리아인은 예수님입니다. 예수님은 강도들에게 맞아서 거반 죽게 된 자를 만나 주셨습니다. 제사장이나 레위인은 죄와 싸워서 져 본 적이 없다고 자부하는 사람들입니다. 그들은 죄의 떼강도를 만나서 거반 죽게 된 그 사람을 경멸하며 자기의 길을 갔습니다. 그런 사람들은 예수님께서 만나 주시려고 해도 거절합니다. "됐어요! 내가 다 알아서 할게요" 하면서 세상의 향취(여리고)를 좇아갑니다.

예수님은 지금도 자기 의의 부자들인 아흔아홉 마리의 양들은 버려 두시고, 한 마리의 잃은 양처럼 자기의 의를 다 잃어버린 소자(小子)들을 찾아서 여행하십니다. 예수님은 여행하시는 중에 거반 죽게 된 자를 만나셨습니다. 주님은 그 사람에게 포도주와 기름을 부어서 치료해 주셨습니다.

포도주는 진리의 복음을 계시합니다. 포도주는 예수님께서 우리를 위해서 흘리신 피인데, 이것은 **"물과 피의 복음"**의 결론 부분만을 나타낸 것입니다. 하나님의 아들이 육신을 입고 오셔서, 요단강에서 인류의 대표자인 세례 요한에게 안수의 형식으로 세례를 받으심으로 세상 죄를 담당하시고, 십자가에서 피를 흘리시고 돌아가셨습니다. 또한 진리의 복음을 받아들인 자는 성령(기름)을 선물로 받습니다.

포도주가 계시하는 복음으로 죄 사함 받고 성령을 받았다고 해도, 갓 거듭난 어린 영혼은 지식이나 생각들에 혼돈된 것들이 많습니다. **"지식에까지 새롭게 하심"**(골 3:10)을 받으려면 교회에 맡겨져서 양육과 보호를 받아야 합니다. 그래서 어떤 사마리아인은 방금 구원받은 이 사람을 주막 주인에게 맡겼습니다.

주막은 교회를 계시합니다. 주막은 나그네와 같은 인생들이 음식을 먹고 쉴 수 있는 곳입니다. 어떤 사마리아인으로 오신 예수님은 구원받은 성도들을 교회에 맡겨서 돌보아 주라고 부탁을 하시면서, 당신이 다시 돌아올 때에 모든 비용을 갚아 주리라고 약속을 하셨습니다. 주님은 아버지께로 가셨다가 다시 오십니다. 그때에 교회의 수고한 것을 보상해 주실 것입니다.

또 주님은 그 영혼을 주막에 맡기시면서 데나리온 둘을 주셨습니다. 주님은 당신의 교회에 구약과 신약의 말씀을 주셔서 그것으로 교회에 맡겨진 영혼들을 양육하고 돌보게 하셨습니다.

어떤 사마리아인의 비유를 통해서 우리는 하나님의 율법 앞에서 거반 죽게 된 자라야 구원을 받는다는 진리를 깨닫습니다. 제사장이나 레위인처럼 죄와 치열하게 싸워 본 적이 없는 종교인들은 예수님을 만나지 못합니다. 자기 의의 부자가 천국에 들어가는 것은 불가능합니다.

자기의 의의 꼴찌들이 **"물과 피로 임하신"**(요일 5:6) 예수 그리스도의 **"한 영원한 제사"**(히 10:12)를 믿어서 죄 사함을 받고 구원을 받은 후에는 하나님의 교회 안에 거해야 합니다. 거기서 보호와 양육을 받으며 자라나서 믿음의 일꾼이 됩니다.

자기 의의 꼴찌들은 예수님을 만나서 죄 사함을 받은 후에, 또 하나님의 교회에 맡겨져서 하나님의 말씀으로 양육을 받으면서 자신이 얼마나 큰 은혜를 입었는지를 잊지 말아야 합니다. 자기의 근본 모습을 잊어버리면 얻었던 생명도 잃을 수 있습니다.

므비보셋은 자기 아버지 요나단으로 인하여 다윗 왕에게 큰 은혜를 입었습니다. 그는 아비의 재산을 회복하고 왕자들과 함께 다윗의 상에서 먹었습니다. 그는 양발이 다 절뚝발이였는데, 오직 자기 아비 요나단으로 인해서 다윗의 은혜를 입었습니다. 우리도 생각이나 행동이 다 절뚝발이입니다. 우리에게 온전한 것이 하나도 없습니다. 그런데 예수님으로 인하여 하나님의 자녀가 되었고 하나님의 상에서 먹게 되었습니다.

그런데 후에 다윗 왕이 아들 압살롬의 반역을 피해서 피난길에 올랐을 때에, 므비보셋은 다윗 왕을 좇지 않았습니다. 그는 생명을 다해서 다윗을 따라갔어야 했는데, 자기는 절뚝발이이니까 따라갈 수 없었다고 핑계를 댔습니다. 다윗 왕이 왕권을 회복한 후에, 므비보셋은 예전에 왕의 상에서 먹던 영광을 잃게 됩니다.

여러분은 어떻습니까? 여러분은 자기의 꼬락서니를 제대로 인식하고 또 잊지 않고 있습니까? 사도 바울은 거듭나기 전에 하나님의 율법 앞에서, **"전에 법을 깨닫지 못할 때에는 내가 살았더니 계명이 이르매 죄는 살아나고 나는 죽었도다"**(롬 7:9) 하고 고백했습니다.

그가 율법이 요구하는 선(善)의 절대적인 수준을 깨닫고 나서, **"오호라 나는 곤고한 사람이로다 이 사망에 몸에서 누가 나를 건져 내랴"**(롬 7:24) 하며 탄식했습니다. 하나님의 율법 앞에서 **"오호라 나는 곤고한 사람이로다 이 사망에 몸에서 누가 나를 건져 내랴"**라는 탄식이 여러분의 입에서 나와야만 어떤 사마리아인 되신 예수님을 만날 수 있습니다.

여러분의 속에서 그런 탄식이 나왔습니까? 지금도 예수님께서 나를 구원해 주신 온전한 복음을 빼놓고 자신을 보면, 여전히 나는 비참한 존재라는 고백을 할 수 있습니까? 그런 심령이 정직한 심령이고, 그런 사람이라야 하나님의 은혜 아래 강할 수 있다는 사실을 기억하시길 바랍니다.

어떤 사마리아인의 비유는 자기 의의 꼴찌라야 예수님을 만나서 구원을 얻고 하나님의 교회에서 안식을 누리게 된다는 말씀입니다.

어떤 사마리아인의 비유에 대한 오해

"네 의견에는 이 세 사람 중에 누가 강도 만난 자의 이웃이 되겠느냐
가로되 자비를 베푼 자니이다 예수께서 이르시되 가서 너도 이와 같이 하라 하시니라"(눅 10:36-37).

앞에서 우리는 **"어떤 사마리아인의 비유"**에 대해 살펴보았습니다. 이번에는 예수님께서 그 율법사에게 **"가서 너도 이와 같이 하라"** 하신 말씀을 상고해 보려고 합니다.

주님께서 우리에게 "우리가 어떤 강도 만난 자와 같이 자기의 부족과 연약함을 깨달아야만 구원을 받는다"라는 교훈을 주시기 위해서 이 비유 말씀을 들려주셨습니다. 따라서 흔히 **"착한 사마리아인의 비유"**라고 부르는 이 말씀을 **"어떤 강도 만난 자의 비유"**라고 이름하는 것이 옳다고 저는 생각합니다.

기독교인들은 **"너도 가서 이와 같이 하라"** 하신 예수님의 말씀이 올무가 되어서 선행(善行) 프레임워크(framework)로 성경을 바라봅니다. 대부분의 기독교인들은 성경을 통해서 착하게 의롭게 사는 도를 깨닫고 준행하려고 합니다.

성경은 도덕(道德) 책이 아닙니다. 성경은 구원의 책입니다. 성경을 선행(善行) 프레임워크(framework) 속에서 이해하려는 사람들은, 이 비유 말씀을 **"착한 사마리아인의 비유"**라고 이름 짓고, 우리도 그 사마리아인처럼 불우한 사람들의 이웃이 되어 그들을 도와줘야 한다고 이해합니다.

그러나 하나님의 말씀을 "구원의 책" 프레임워크(framework)로 이해하는 사람은 이 비유 말씀을 **"어떤 강도 만난 자의 비유"**라고 이름 짓고, 이 비유에서 "율법 앞에서 죄와 싸워서 거반 죽게 된 자라야 어떤 사마리아인으로 찾아오신 예수님을 만나서 구원을 받고, 하나님의 교회에 맡겨져서 주님께서 다시 오실 때까지 양육과 보호를 받는다"라는 하나님의 뜻을 발견합니다. 이렇게 어떤 시각(perspective)으로 성경을 대하느냐에 따라서, 같은 말씀을 전혀 달리 해석하게 됩니다.

성경을 해석하는 시각이 얼마나 중요한지에 대해, 예를 들어서 설명을 드리겠습니다. 1900년대 말엽 대한 제국 때에, 일제(日帝)가 우리나라를 침탈해서 을미사변(乙未事變)을 일으키고 국권을 빼앗으려고 합방(合邦) 조약을 강요했습니다. 당시에 내각의 장관들이 모두 찬성해서 그 조약서의 이면(裏面)에 "가(可)"라고 배서(背書)를 했는데, 중추원 의장인 김윤식은 "불가불가(不可不可)"라고 배서를 했습니다.

이 배서를 어떻게 해석하느냐가 논란이 되었습니다. 첫째, "不, 可不可"라고 읽으면 "나는 찬성과 반대를 할 수 없다," 즉 기권이라는 뜻입니다. 그런데 "不可不, 可"로 읽으면, "나는 부득이 찬성할 수밖에 없다," 즉 못마땅하지만 찬성이라는 뜻입니다. 마지막으로 세 번째는 "不可, 不可"라고 중간을 끊어 읽으면, "나는 절대 반대입니다"라는 뜻입니다. 같은 글귀를 두고 전혀 다른 세 가지 해석이 가능했습니다.

그러나 후일에 김윤식 대감은 1919년 3·1 운동에 참여했고 독립 청원서인 대일본장서(對日本長書)를 작성해서 일본에 보냈습니다. 그로 인해 모든 작위를 박탈당하고 투옥되었던 이력을 볼 때에,

그는 "불가, 불가(不可, 不可)"라고 써서 한일 합방을 절대 반대했던 것을 알 수 있습니다.

이처럼 **"어떤 강도 만난 자의 비유"** 말씀도 성경이 구원의 책이라는 시각(framework)으로 해석하고 이해해야 합니다. 거의 모든 기독교인들이 이 말씀을 잘못 이해하고 있습니다. 그들이 그렇게 잘못 이해하게 된 데에는, 그들이 마지막 구절, **"가서 너도 이와 같이 하라"**라는 말씀에 사로잡혔기 때문입니다.

어떤 율법사가 예수님께 와서 예수님을 시험하려고 **"사람이 무엇을 하여야 영생을 얻으리이까"** 하고 물었는데, 그의 물음 자체가 잘못된 전제입니다. 우리가 무엇을 해서 영생을 얻는 길은 없습니다. 만일 의롭게 되는 일이 율법의 행위로 말미암는다면, 예수님께서 이 땅에 오실 필요가 없습니다. 또한 율법의 행위로 하나님 앞에서 의롭게 될 자는 아무도 없습니다. 율법을 지키고 선을 행하고 공로를 쌓아서 영생을 얻을 자는 아무도 없습니다.

죄의 삯은 사망입니다. 천국의 영생을 얻으려면 죄가 없어야 합니다. 죄인은 영생의 천국에 들어가지 못합니다. 흰 눈같이 죄 사함 받고 거룩해진 의인이라야 하나님의 자녀가 되고 영생을 얻습니다. 그러므로 사람이 무엇을 해서 영생을 얻는다는 전제는 그 자체가 잘못입니다. 이 율법사는 잘못된 신앙의 틀을 가지고 예수님을 시험하려고 했습니다.

예수님이 보시기에 이 율법사는 하나님의 구원의 은혜를 입기에는 너무 잘못된 영적 시각(spiritual framework)에 사로잡혀 있었습니다. 그래서 예수님은 **"율법에 무엇이라 기록되었으며 네가 어떻게 읽느냐"**라고 그에게 반문하셨습니다.

김윤식 중추원 의장이 "불가불가(不可不可)"라고 썼던 배서(背

書)를 어떻게 읽느냐가 합방 조약을 맺는데 중요했던 것처럼, **"율법을 어떻게 읽느냐"** 하는 질문에 대한 대답은 사람이 구원을 받는데 있어서 매우 중요합니다.

하나님 앞에서 정직한 사람은, "율법은 거룩할 것을 요구하지만 저는 율법을 도저히 지킬 수 없는 자입니다. 하나님, 저를 불쌍히 여겨 주십시오" 하고 탄식합니다. 그런데 자기의 의가 충만한 사람은, "예, 내 이웃을 네 몸같이 사랑하라 하셨으니 저는 그 계명을 따라 살겠습니다" 하고 대답합니다.

"네 마음을 다하고 목숨을 다하고 뜻을 다하고 힘을 다하여 주 너의 하나님을 사랑하라 하신 것이요 둘째는 이것이니 네 이웃을 네 몸과 같이 사랑하라 하신 것이라 이에서 더 큰 계명이 없느니라"(막 12:30-31).

율법의 613개 계명을 다 합치면 위의 두 강령이 나옵니다. 하나님을 사랑하라는 말씀은 차치하고, 여러분은 **"네 이웃을 네 몸같이 사랑하라"** 하신 두 번째로 큰 계명을 지킬 수 있습니까?

많은 기독교인들이 자기를 희생해서 남을 구제하거나 심지어 자기는 남을 구하기 위해서 불속에라도 뛰어들 수 있다고 생각합니다. "인도 캘커타의 성녀 마더 테레사를 보십시오. 나환자들의 섬에 들어가서 그들과 함께 살면서 나환자들을 평생 섬겼던 김○○ 목사님을 보십시오" 하며 자기도 그렇게 살기를 원한다는 이들이 많습니다.

저도 거듭나기 전에는 저를 희생해서 소외된 이들을 돕고 제게 있는 것을 아낌없이 그들과 나누는 것이 올바른 신앙생활인 줄로 알았습니다. 저는 교수로 재직하던 대학에서 IVF 지도 교수로 사역하고, 한편으로는 초대 교회와 같은 공동체 교회를 인도했습니다.

실제로 제 봉급을 내놓고 교인들과 유무상통했고, 가난한 학생들 데려다가 우리 집에서 같이 살았습니다. 저는 자동차도 갖지 않고 택시도 타지 않았고 웬만한 거리는 걸어 다녔습니다. 그렇게 절약해서 길거리의 거지들과 불쌍한 사람들을 도와주었습니다.

저는 "**가서 너도 이와 같이 하라**"라는 말씀대로 살아보려고 무진 애를 썼습니다. 그런데 그 말씀대로 순종하려고 몸부림칠수록 제가 얼마나 이기적이고 턱도 없는 존재인 줄을 시인하게 되었습니다.

저는 골목길에 쭈그리고 앉아 있던 가출 소년을 데려다가 양자를 삼았습니다. 초등학교 3학년이었던 제 맏이보다 두 살 위였는데, 같은 반에서 공부를 하게 해 주었습니다. 그런데 이 아이가 너무 굶었던 아이이니까, 학교만 끝나면 부리나케 집으로 달려와서 냉장고를 열고 동생들 간식까지 다 먹었습니다. 저는 그 아이에게 욕을 퍼 부으면서, 제가 그 아이를 내 자식들과 똑같이 사랑할 수 없다는 사실을 깨달았습니다.

한번은 제가 정신이 온전하지 못한 거지 청년을 데려다가 목욕을 시키면서, 엉덩이에 엉겨 붙은 똥을 구역질하면서 닦아 주었습니다. 그 청년이 입었던 더러운 옷은 다 내다 버리고 내 옷을 입혀서 같이 밥을 먹었습니다. 그 청년은 기분이 좋아서 찌개를 먹다가 씩 웃었습니다. 치아에 더께가 누렇게 앉은 것을 본 순간, 저는 도저히 같이 밥을 먹지 못했습니다. 그때가 추운 겨울이었는데, 이제 밤이 깊어서 그 거지 청년을 내보내려고 했더니, 나가지 않겠다고 버티는 것이었습니다. "내가 내일 또 부를게" 하고 온갖 감언이설로 속여서 그를 밖으로 떠다밀고는 문을 꽝 닫았는데 밖에서 그 청년이 울고 있는 겁니다.

그때 저는 **"이웃을 내 몸같이"** 는 사랑할 수 없는 자라는 사실을 시인했습니다. **"가서 너도 이와 같이 하라"** 라는 말씀대로 순종하려고 몸부림을 쳐 본 사람은 자기가 "남을 내 몸같이 사랑할 수 없는 자"라는 사실을 인정하게 됩니다. 주님은 이 율법사에게 **"너도 가서 율법을 준행해 보고 강도 만난 자처럼 거반 죽은 자같이 되라"** 라는 뜻으로 말씀하신 것입니다. 누구든지 죄의 떼강도를 만나서 거반 죽은 자같이 되어야만, 비로소 주님께 항복하고 온전한 구원의 사랑을 입혀 달라고 간청하게 됩니다.

누가복음 18장에도 비슷한 말씀이 기록되어 있습니다. 어떤 관원이 예수님께 나와서, **"선한 선생님이여 내가 무엇을 하여야 영생을 얻으리이까?"** 하고 물었습니다. 예수님께서 10계명의 말씀들을 열거해 주셨더니, 그 관원은 **"이것은 내가 어려서부터 다 지키었나이다"** (눅 18:21)라고 대답했습니다. 그것은 새빨간 거짓말입니다.

우리는 율법을 온전히 지킬 수 없습니다. 율법을 지켜서 하나님께로부터 의롭다고 인정받을 사람은 없습니다. 그것이 진리입니다. 만일 율법을 지켜서 의롭게 될 수 있다면, 예수님이 이 땅에 오실 이유가 무엇입니까? 율법은 하나님께서 우리의 죄가 심히 죄로 드러나게 하려고(롬 7:13) 주신 선의 절대적인 기준입니다.

"그러므로 율법의 행위로 그의 앞에 의롭다 하심을 얻을 육체가 없나니 율법으로는 죄를 깨달음이니라" (롬 3:20).

율법의 요구인 절대적인 거룩함 앞에 정직하게 선 자는 자기가 얼마나 죄 덩어리인지를 인정하게 됩니다. 율법 앞에 서서, **"가서 너도 이와 같이 하라"** 라는 말씀을 신실하게 준행해 보려고 몸부림쳐 본 사람이라야 "하나님, 저는 율법을 지킬 수 없는 죄인입니다"라고 고백합니다. 사도 바울이 진리의 복음을 만나기 전에, **"오호라**

나는 곤고한 사람이로다 이 사망의 몸에서 누가 나를 건져 내랴"(롬 7:24) 하고 탄식했듯이, 그렇게 탄식하는 자만이 어떤 사마리아인으로 찾아오신 예수님을 만나서 구원의 은혜를 입습니다.

"**가서 너도 이와 같이 하라**"라는 말씀을 진지하게 준행해 보려고 했던 사람은 죄의 떼강도를 만나서 거반 죽게 됩니다. 그렇게 죄 때문에 신음하는 자라야 물과 피로 임하신 예수님께서 완성하신 진리의 복음으로 죄 사함을 받고 하나님의 교회에 맡겨져서 양육과 보호를 받게 됩니다.

예수님은 육신을 입고 오신 하나님의 아들입니다. 예수님은 인류의 대표자인 세례 요한에게 안수의 형식으로 세례를 받으셔서 세상 죄를 단번에 짊어지셨습니다. 받으신 세례로 "**세상 죄를 지고 가는 하나님의 어린양**"(요 1:29)이 되신 예수님은 십자가에 못 박혀서 "**다 이루었다**" 하시기까지 흘리신 당신의 보혈로 인류의 모든 죄를 다 갚아 주셨습니다. 우리는 이 진리의 복음을 믿어서 값없이 의롭다 하심을 얻고 천국 영생에 들어가게 되었습니다.

"**그러므로 이제 그리스도 예수 안에 있는 자에게는 결코 정죄함이 없나니 이는 그리스도 예수 안에 있는 생명의 성령의 법이 죄와 사망의 법에서 너를 해방하였음이라**"(롬 8:1-2).

"**물과 피로 임하신 자**"(요일 5:6) 예수 그리스도의 복음을 믿는 우리는 흰 눈같이 죄 사함을 받고 결코 정죄함이 없는 의인이 되었습니다. 이제 우리는 거룩한 하나님의 자녀가 되었고 천국 영생의 후사가 되었습니다.

진정한 사랑은 영혼들을 천국으로 인도하는 "**진리의 사랑**"(살후 2:10)입니다. 빵 나눠 주기 운동, 연탄 나눠 주기 운동, 독거노인 돌보기 운동 등 육신적인 사랑도 귀중합니다. 그러나 우리의 사랑이 육신적인 사랑에서 끝난다면, 그것은 큰 의미가 없습니다.

굶어 죽어 가는 사람에게 밥 한 끼 더 먹여서 하루를 더 살게 해 주었다면, 어제 지옥에 갈 사람을 오늘 지옥에 보내준 것에 불과합니다. 우리가 육신적인 온정을 베푸는 것은 그들의 마음을 진리의 복음으로 이끌어서 구원하기 위한 것입니다. 진리의 복음으로 영혼들을 구원하는 것보다 더 큰 사랑은 없습니다. 그것이 의의 도(道)입니다.

"누가 지혜가 있어 이런 일을 깨달으며 누가 총명이 있어 이런 일을 알겠느냐 여호와의 도는 정직하니 의인이라야 그 도에 행하리라 그러나 죄인은 그 도에 거쳐 넘어지리라"(호 14:9).

죄의 떼강도와 싸워서 거반 죽게 된 자라야 어떤 사마리아인으로 찾아오신 예수님을 만납니다. 그리고 예수님께서 주시는 진리의 복음으로 거듭나서 의인(義人)이 되고, 죄가 전혀 없는 의인이라야 하나님께서 우리들에게 부탁하신 의의 도를 행할 수 있습니다.

영혼들을 "진리의 사랑"(살후 2:10)인 복음으로 사랑해서 그들을 영생의 천국에 들여보내 주는 것이 가장 의로운 일입니다.

성령의 하나 되게 하신 것을
힘써 지켜라

"예수께서 한 곳에서 기도하시고 마치시매 제자 중 하나가 여짜오되 주여 요한이 자기 제자들에게 기도를 가르친 것과 같이 우리에게도 가르쳐 주옵소서

예수께서 이르시되 너희는 기도할 때에 이렇게 하라 아버지여 이름이 거룩히 여김을 받으시오며 나라이 임하옵시며

우리에게 날마다 일용할 양식을 주옵시고

우리가 우리에게 죄 지은 모든 사람을 용서하오니 우리 죄도 사하여 주옵시고 우리를 시험에 들게 하지 마옵소서 하라"(눅 11:1-4).

주님께서 제자들에게 가르쳐 주신 기도는 마태복음과 누가복음에만 기록되어 있습니다. 이 기도는 의인들이 꼭 이 문자 그대로만 기도하라는 뜻은 아닙니다. 주님은 이 기도로 거듭난 하나님 백성들이 무엇을 하나님께 구해야 하는지를, 즉 요긴한 기도의 제목들을 가르쳐 주셨습니다.

"아버지여 이름이 거룩히 여김을 받으시오며"

첫째, 우리는 "하나님의 이름이 거룩하게 여겨지기를 원합니다" 하고 기도해야 합니다. 여호와 하나님은 거룩하신 분입니다. 여호와의 이름은 마땅히 영광과 존귀를 받아야 합니다.

하나님은 전능하신 창조주입니다. 그의 능력의 말씀으로 온 우주와 그 안에 있는 것들을 만드셨고 지금도 운행하십니다. 그 크신 하나님께서 피조물인 우리들을 사랑하셔서 자녀로 삼고 영생을 주시려고 당신의 외아들을 아낌없이 인류의 대속 양으로 보내 주셨습니다.

예수님은 육신을 입고 오신 성자(聖子) 하나님입니다. 예수님은 인류의 대표자인 세례 요한에게 안수의 형식으로 세례를 받으셔서, 우리의 모든 죄와 허물을 단번에 짊어지셨습니다. 받으신 세례로 **"세상 죄를 지고 가는 하나님의 어린양"**(요 1:29)이 되신 예수님은 십자가에 못 박혀서 **"다 이루었다"**(요 19:30)라고 외치시고 돌아가시기까지 피를 흘리셨습니다.

"물과 피로 임하신"(요일 5:6) 예수님의 구원의 사랑이 우리 마음에 있어서 우리는 늘 하나님의 구원의 사랑을 감사하고 찬양합니다. 진리의 복음을 믿고 감사하는 것이 바로 여호와의 이름을 거룩하게 하는 것이며, 여호와의 이름에 감사와 존귀와 영광을 돌리는 것입니다. 이것이 기도의 첫 번째 제목입니다.

"나라이 임하옵시며"

마태복음의 주의 기도가 좀 더 구체적인 내용을 알려 줍니다. 마태복음에 기록된 주님의 기도에는 이 부분이, **"나라이 임하옵시며 뜻이 하늘에서 이룬 것 같이 땅에서도 이루어지이다"**(마 6:10)라고 기록되어 있습니다.

"나라이 임하옵시며"는 하나님의 나라(the Kingdom of God)가 이 땅에도 이루어지게 해 달라는 간청입니다. "뜻이 하늘에서 이룬 것 같이" 하나님의 차원에서는, 인류의 모든 죄를 깨끗이 없애 주신 역사가 이미 완성되었습니다. 성자 예수님께서 받으신 세례와 십자가의 사역으로 세상의 모든 죄와 허물을, 아담에서부터 세상 종말까지의 모든 죄와 허물을 완전하게 도말(塗抹) 하셨습니다.

여호수아의 인도를 따라 제사장들이 언약궤를 메고 요단강에 발을 디뎠을 때에 저 멀리 아담 읍 변방에서부터 사해까지의 요단강 물이 단번에 말라 버렸습니다. 요단강 복판에 선 언약궤는 예수님이 요단강 물에 오셔서 받으신 세례를 계시합니다. "그 세례"(행 10:37)로 세상의 모든 죄는 단번에 예수님께로 넘어갔고, 예수님은 세상 죄를 짊어지고 십자가로 가셔서 "다 이루었다"(요 19:30) 하시기까지 피 흘려서, 인류의 모든 죄를 다 갚아 주셨습니다.

"나라이 임하옵시며"라는 기도의 제목은 "진리의 복음이 전파되어서 모든 사람이 구원에 이르길 원합니다"라는 간청입니다. 진리의 복음을 믿어서 거듭난 자들에게 하나님의 나라가 임합니다. 원형의 복음이 전파되어서 하나님의 나라가 확장되기를 우리는 간절히 바라고 기도합니다.

하나님께서는 인류의 모든 죄를 이미 다 없애 놓으셨습니다. 하나님 차원에서는 이미 우리의 구원을 완성하셨기에, 제7일에 안식하셨습니다. 그런데 이 땅의 많은 사람들에게는 하나님의 놀라운 구원의 역사가 아직 이루어지지 않았습니다. "물과 피의 복음"을 믿어서 하나님의 백성이 된 의인들은 극히 소수입니다.

또한 우리는 예수님과 더불어 실제로 왕 노릇 할 천년 왕국(the Millennial Kingdom)이 임하기를 사모하고 기도합니다. 마지막 때 주님께서 공중에 재림하십니다. 그때에 주님은 의인들을 부활시켜서 공중으로 끌어올리시고, 모든 죄인들 위에는 무차별적인 일곱 대접의 진노를 부으십니다. 그 후에 주님께서 이 땅과 이 하늘을 새롭고 아름답게 만드셔서 의인들과 함께 이 땅에 임하십니다. 그때 의인들이 열 고을 다스리는 권세, 다섯 고을 다스리는 권세, 두 고을 다스리는 권세를 받아서, 이 땅에 하나님께서 실제로 통치하시는 나라가 임합니다.

"우리에게 날마다 일용할 양식을 주옵시고."

의인들의 세 번째 기도 제목은 영육간의 양식입니다. 우리에게 날마다 일용할 양식이 필요합니다. 우리는 의식주 문제 등, 우리에게 육신적으로 필요한 모든 것들을 위해서 기도해야 하지만, 더 중요한 것은 영적인 양식입니다. 사람이 떡으로만 사는 것이 아니라 하나님 입에서 나오는 모든 말씀으로 살기 때문입니다.

하나님께서 교회를 통해서 주시는 말씀이 저와 여러분들을 살립니다. 만나와 같은 영적인 양식을 늘 먹어야 우리의 영혼이 자라고 힘을 얻어서 사단 마귀의 공격을 능히 막아 냅니다. 또 영적인 양식의 힘으로 영혼들을 구원해서 하나님의 교회로 인도합니다.

"우리가 우리에게 죄 지은 모든 사람을 용서하오니 우리 죄도 사하여 주옵시고"

네 번째 기도의 제목은 성도들끼리 서로 용납하고 용서하게 해 달라는 간구입니다.

어떤 이들은 죄 사함을 받아서 의인으로 거듭난 후에, "아, 우리가 모든 죄의 사함을 받았더라도 회개 기도를 드리는 것이 맞구나!"

하고 이 부분을 잘못 이해해서 복음의 터를 무너뜨립니다. 그런 이들은 기독죄인들의 무리에서 벗어나지 못합니다.

회개 기도의 교리에서 영 벗어나지 못하는 사람들이 많습니다. 그런 사람들은 그토록 오래 습관적으로 드렸던 회개 기도에 대한 애착을 끊기 힘듭니다. "미련한 자를 곡물과 함께 절구에 넣고 공이로 찧을찌라도 그의 미련은 벗어지지 아니하느니라"(잠 27:22)고 말씀하셨듯이, 그들의 미련은 쉽게 벗어지지 않습니다.

진리의 복음을 들었으면 마음에 죄가 전혀 없는 것이 맞습니다. 그것이 올바른 믿음입니다. 그러면 죄가 없는데 무슨 죄를 용서해 달라고 기도합니까?

거듭난 의인들이 교회 안에서 믿음의 길을 가는데 가장 중요한 교훈은 **"성령의 하나 되게 하신 것을 힘써 지켜야 한다"**라는 말씀입니다. 성도들은 진리의 사랑으로 하나 되었습니다. 그래서 어떠한 어려움에도 성도들은 서로 위로하고 격려하면서 사단 마귀의 공격과 훼방을 막아 냅니다. 성도들이 사랑으로 연합해야 하나님의 뜻을 이루어 드릴 수 있습니다. 하나 된 믿음을 지키며 복음을 전파하는 것이 교회의 존재 이유(存在理由)입니다.

그런데 하나님의 교회의 존재 이유를 무너뜨리는 것은 바로 성도들을 분열시키는 미움과 시기와 파당 행위입니다. 거듭난 의인들도 육신의 부족하고 연약한 것은 여전합니다. 사단 마귀는 그런 부분들을 자극해서 "하나 됨"을 깨뜨리려고, 서로의 허물을 문제 삼고 용납하지 못하게 합니다. 서로 용납하지 못하면 교회는 깨어지고 찢어지게 되어 있습니다.

"무엇보다도 열심으로 서로 사랑할찌니 사랑은 허다한 죄를 덮느니라"(벧전 4:8).

그러나 성도들이 서로를 용납하고 덮어 주며, 좀 부족한 부분을 보게 되면, "나도 그런 부분이 있지 않나" 하고 마음을 넓히면 하나님의 사랑이 교회의 "하나 됨"을 지켜 줍니다.

"땅에 있는 성도는 존귀한 자니 나의 모든 즐거움이 저희에게 있도다"(시 16:3). 거듭난 의인들은 희귀합니다. 믿음의 길을 함께 걷고 있는 성도가 얼마나 존귀한지를 아는 사람은 형제 자매의 부족하고 연약한 부분을 보고도 관용의 마음을 갖습니다. 그렇게 넓은 마음을 가진 의인들이 "아비의 믿음"에 이른 장성한 성도입니다.

사단 마귀는 하나님의 교회 안에 있는 성도들이 서로 미워하고 반목해서 흩어지게 합니다. 늑대나 사자 같은 맹수들은 영양이나 소떼를 공격할 때에 먼저 무리를 흩어 놓습니다. 그런 후에 무리에서 떨어져 나온 어리고 약한 것들을 잡아먹습니다.

사단 마귀도 같은 전략으로 하나님의 백성들을 잡아먹습니다. 주님께서는 일만 달란트 빚진 자의 비유를 통해서 이 점을 중대하게 경고하셨습니다. 임금님께 빚졌던 일만 달란트의 빚을 은혜로 탕감 받은 자가 자기에게 일백 데나리온을 빚진 동료를 용납하지 못하고 참소했습니다. 임금님은 그런 악한 자를 옥에 처넣었습니다.

"우리가 우리에게 죄 지은 모든 사람을 용서하오니 우리 죄도 사하여 주옵시고"라는 기도의 제목은 교회 안의 형제 자매들이 서로 용납할 마음을 구하라는 말씀입니다. "우리가 형제의 허물을 용납지 않으면 하나님께서도 우리의 죄를 용납지 아니하신다"라는 사실을 기억하고 서로 사랑하고 용납하는 마음을 구해야 합니다.

"우리가 우리에게 죄 지은 모든 사람을 용서하오니 우리 죄도 사하여 주옵시고"라는 말씀에서, **"우리에게 죄 지은 모든 사람"**을 흠정역 성경에서는 "우리에게 빚진 모든 자를"(every one that is indebted to us, KJV)이라고 번역했습니다. 헬라어 원문 성경도 "우리에게 갚을 것이 있는 자"(παντι οφειλοντι ημιν)라고 기록되어 있습니다. 따라서 이 말씀은 성도들의 하나 된 관계가 유지되기 위하여 서로 용납할 것을 기도해야 한다는 말씀입니다.

"시험에 들게 하지 마옵소서."

성도들을 시험하는 자가 누구입니까? 사단 마귀입니다. 사단 마귀는 끊임없이 우리를 시험합니다. 무엇으로 시험합니까? 사단 마귀는 말씀이 아닌 것을 가지고 와서 우리를 시험합니다.

사단 마귀는 하나님의 말씀이 아닌 자기의 거짓말을 가지고 하와를 시험하고 끝내 죄악에 빠뜨렸습니다. 우리는 하나님께서 세우신 옛 지계석을 옮겨서는 안 됩니다(잠 22:28). 우리는 하나님 말씀만이 진리라는 이 굳건한 믿음에 서서 말씀이 아닌 것은 단호하게 배척해야 합니다.

주님의 기도는 우리가 간구해야 할 기도의 제목들이 무엇인지를 우리에게 가르쳐 줍니다. 주의 기도의 참뜻을 알고 기도할 때에 하나님께서 우리의 기도를 기뻐 들으십니다.

성령을 모독하는 죄를 짓지 말라

"그동안에 무리 수만 명이 모여 서로 밟힐 만큼 되었더니 예수께서 먼저 제자들에게 말씀하여 가라사대 바리새인들의 누룩 곧 외식을 주의하라

감추인 것이 드러나지 않을 것이 없고 숨은 것이 알려지지 않을 것이 없나니

이러므로 너희가 어두운 데서 말한 모든 것이 광명한 데서 들리고 너희가 골방에서 귀에 대고 말한 것이 집 위에서 전파되리라

내가 내 친구 너희에게 말하노니 몸을 죽이고 그 후에는 능히 더 못하는 자들을 두려워하지 말라

마땅히 두려워할 자를 내가 너희에게 보이리니 곧 죽인 후에 또한 지옥에 던져 넣는 권세 있는 그를 두려워하라 내가 참으로 너희에게 이르노니 그를 두려워하라

참새 다섯이 앗사리온 둘에 팔리는 것이 아니냐 그러나 하나님 앞에는 그 하나라도 잊어버리시는바 되지 아니하는도다

너희에게는 오히려 머리털까지도 다 세신바 되었나니 두려워하지 말라 너희는 많은 참새보다 귀하니라

내가 또한 너희에게 말하노니 누구든지 사람 앞에서 나를 시인하면 인자도 하나님의 사자들 앞에서 저를 시인할 것이요

사람 앞에서 나를 부인하는 자는 하나님의 사자들 앞에서 부인함을 받으리라

누구든지 말로 인자를 거역하면 사하심을 받으려니와 성령을 모독하는 자는 사하심을 받지 못하리라"(눅 12:1-10).

많은 사람들이 예수님께로 몰려와서 서로 밟힐 만큼 되었을 때에, 예수님은 제자들에게, "마땅히 두려워할 분은 한 분 하나님이시다"라고 말씀을 하시고 "성령을 모독하는 죄를 짓지 말라"라고 당부하셨습니다.

주님께서 "내가 내 친구 너희에게 말하노니 몸을 죽이고 그 후에는 능히 더 못하는 자들을 두려워하지 말라"라고 말씀하신 것을 볼 때, 제자들은 진리의 복음을 전파하기를 두려워했다는 것을 알 수 있습니다.

제자들은 무엇을 두려워했을까요? 그들은 당시에 유대교를 지배하고 있던 바리새인과 사두개인들에게 핍박을 받고 출교를 당하고 유대교도인 가족들에게도 버림을 받을까 두려워서 담대하게 복음을 증거하지 못했습니다.

"너희 보물 있는 곳에는 너희 마음도 있으리라"(눅 12:34)고 말씀하셨습니다. 사람은 자기가 귀하게 여기는 것, 즉 자기의 보물을 잃어버리게 될까 봐 노심초사(勞心焦思) 하고 두려워합니다. 그 보물이 돈일 수도 있고, 권력과 명예일 수도 있고, 가족일 수도 있습니다.

"이 세상이나 세상에 있는 것들을 사랑치 말라 누구든지 세상을 사랑하면 아버지의 사랑이 그 속에 있지 아니하니 이는 세상에 있는 모든 것이 육신의 정욕과 안목의 정욕과 이생의 자랑이니 다 아버지께로 좇아 온 것이 아니요 세상으로 좇아 온 것이라"(요일 2:15-16).

그런데 진정으로 소중한 것은 잠시 지나가는 이 땅의 것들이 아닙니다. 한 뼘 길이의 짧은 인생에서 이 땅에 있는 것들은 다 헛된 것들입니다. 그것들을 얻었다고 해도, 그것은 "다 헛되어 바람을 잡으려는 것"(전 1:14)에 불과합니다.

우리가 진정으로 두려워해야 할 분은 하나님뿐입니다

"내가 내 친구 너희에게 말하노니 몸을 죽이고 그 후에는 능히 더 못하는 자들을 두려워하지 말라 마땅히 두려워할 자를 내가 너희에게 보이리니 곧 죽인 후에 또한 지옥에 던져 넣는 권세 있는 그를 두려워하라 내가 참으로 너희에게 이르노니 그를 두려워하라"(눅 12:4-5).

우리가 진정으로 두려워해야 할 분은 하나님뿐입니다. 이 땅의 누구도 두려워할 바가 못됩니다. 그들은 기껏해야 육체만 죽이지 우리의 영혼에 대해서는 어찌하지 못합니다. 초대 교회 때에 로마의 황제는 하나님의 백성들을 핍박했습니다. 성도들은 원형 경기장에서 사자의 밥이 되기도 하고 끔찍한 화형도 당했습니다. 그러나 성령의 충만함을 입은 성도들은 찬양을 부르며 기꺼이 죽음을 맞이했습니다. 그들은 천국의 영생을 가장 귀하게 여겼기 때문에, 육체의 죽음을 두려워하지 않았습니다.

"한 번 죽는 것은 사람에게 정하신 일이요 그 후에는 심판이 있으리니"(히 9:27).

사람은 한 번 죽습니다. 그 후에는 하나님께서 각자를 심판하시는데, 거듭난 의인들은 심판을 받지 않습니다. "내 말을 듣고 또 나 보내신 이를 믿는 자는 영생을 얻었고 심판에 이르지 아니하나니 사망에서 생명으로 옮겼느니라"(요 5:24)고 말씀하셨습니다. 의인들에게는 심판 자체가 없는데, 이는 심판의 대상이 되는 죄가 전혀 없기 때문입니다.

그러나 "죄의 삯은 사망"(롬 6:23)입니다. 죄인은 반드시 심판을 받고 영벌의 지옥에, 영원토록 꺼지지 않는 불과 유황으로 타는 못에 던져집니다. 우리가 진정으로 두려워해야 할 분은 하나님뿐입니다. 하나님만이 사람의 영과 육을 심판하실 수 있는 분입니다.

그런데 오늘 말씀에 "너희는 하나님을 알라"라고 말씀하십니다. **"참새 다섯이 앗사리온 둘에 팔리는 것이 아니냐 그러나 하나님 앞에는 그 하나라도 잊어버리시는 바 되지 아니하는도다 너희에게는 오히려 머리털까지도 다 세신바 되었나니 두려워하지 말라 너희는 많은 참새보다 귀하니라**"(눅 12:6-7).

앗사리온은 로마의 동전인데, 우리 돈으로 치자면 100원짜리 정도입니다. 다섯 마리가 동전 두 닢에 팔릴 정도로 참새는 아주 하찮은 것이지만, 하나님께서 허락지 아니하시면 참새 한 마리도 떨어지지 않습니다. 하나님은 만물을 사랑으로 주관하시는 전능자입니다.

하찮은 참새도 돌보시는 하나님께서 하물며 당신의 자녀들을 얼마나 극진히 사랑하고 돌보시겠습니까? 하나님께서는 우리의 머리카락까지도 다 세고 계십니다. 우리는 하나님께 소중한 존재들입니다. 하나님께서 당신의 형상을 좇아 우리를 만드셨고, 당신의 외아들을 아낌없이 대속의 제물로 우리에게 주셔서 우리를 구원하시고 당신의 자녀로 삼으셨습니다.

예수님께서 당신의 생명으로 드리신 **"한 영원한 제사"**(히 10:12)의 능력을 믿는 우리는 죄 사함을 받고 거룩한 성도가 되어 영생을 얻은 하나님의 양자들로 입적되었습니다. 그러면 두려울 것이 무엇입니까? 이 땅에서 핍박을 받고 죽임을 당해도 우리에게는 영생의 부활이 기다립니다.

그런데 제자들은 유대교 지도자들이 두려워서 복음을 외치지 못했습니다. 우리의 죄를 깨끗이 없애 주신 "물과 피의 복음"을 믿어야 구원을 받는다고 예수님의 제자들은 담대하게 외치지 못했습니다. 주님은 그런 제자들에게 복음을 담대하게 외치라고 격려하십니다.

장성한 자들의 믿음

"자녀들아 내가 너희에게 쓰는 것은 너희 죄가 그의 이름으로 말미암아 사함을 얻음이요 아비들아 내가 너희에게 쓰는 것은 너희가 태초부터 계신 이를 앎이요 청년들아 내가 너희에게 쓰는 것은 너희가 악한 자를 이기었음이니라 아이들아 내가 너희에게 쓴 것은 너희가 아버지를 알았음이요

아비들아 내가 너희에게 쓴 것은 너희가 태초부터 계신 이를 알았음이요 청년들아 내가 너희에게 쓴 것은 너희가 강하고 하나님의 말씀이 너희 속에 거하시고 너희가 흉악한 자를 이기었음이라"(요일 2:12-14).

사람이 죄 사함을 받고 거듭났어도, 갓난 의인들은 영적으로 장성한 믿음의 사람으로 자라나야 합니다. 거듭나긴 했어도 아직까지 분별력이 없는 아이들이 많습니다. 어린 자들도 하나님께서 자기를 어떻게 사랑하셨는지를 압니다. 영의 어린이들이 교회 안에서 신령한 젖인 말씀을 먹고 자라나면, 영적인 철이 들기 시작하는 청소년기를 지나 믿음의 청년이 됩니다. 그러면 사단 마귀의 공격과 궤계(詭計)를 물리치고 이깁니다. 믿음이 더 자라나서 아비의 믿음에 이른 영적 어른들은 모든 성도들을 아비의 심정으로 품고 보살피

며 영적 전쟁을 지휘합니다.

영적으로 어린 제자들은 유대교의 지도자들이 두려워서 골방에서 소곤소곤하며 아는 사람들끼리만 복음을 전하고 있었습니다. 만일 그러다가 세상의 세력이 두려워서 복음의 믿음을 부인한다면, 천국의 영원한 생명을 잃어버립니다. 천국의 영생을 잃어버리게 하는 죄가 성령을 모독하는 죄입니다.

성령을 모독하는 죄

"누구든지 말로 인자를 거역하면 사하심을 받으려니와 성령을 모독하는 자는 사하심을 받지 못하리라"(눅 12:10).

성령을 모독하는 죄란, 어떤 자가 방언이나 예언이나 신유의 은사를 받아서 일으킨 이적을, "그것은 성령의 역사가 아니다"라고 부인하는 죄가 아닙니다. 죄 사함을 받지 못한 기독죄인(基督罪人)들이 방언을 하고 이적을 베푸는 것이 성령의 역사인 줄 압니까? 그것은 악한 영의 역사입니다.

"너희가 회개하여 각각 예수 그리스도의 이름으로 세례를 받고 죄 사함을 얻으라 그리하면 성령을 선물로 받으리니"(행 2:38).

성령은 죄 사함을 받은 의인들의 마음에만 임하십니다. 마음에 죄가 있는 기독죄인(基督罪人)들은 결코 성령을 선물로 받을 수 없습니다. 성령님은 거룩한 하나님이기에, 죄와 함께 거하실 수 없습니다. 죄인이 성령을 받았다고 강변하는 것은 거짓말이며, 죄가 있으면서 성령을 받았다고 하는 것은 악령을 받은 것입니다.

성령을 받았다는 목사들이 "성령 춤"을 춘다는 동영상을 본 적이 있습니다. 참으로 보기 민망한 모습입니다. 이초○ 목사라는 이가 "성령께서 이쪽으로 운행하십니다" 하면서 장풍을 쏘면 그쪽 교인들이 확 쓰러지고, 저쪽으로 장풍을 쏘면 그쪽 교인들이 확 쓰러집니다.

저는 그런 유치한 모습을 볼 때마다, 이런 자들이 기독교의 목사라는 것이 참으로 부끄럽습니다. 이런 자들 때문에, 믿지 않는 이들에게 기독교가 개독교라고 욕을 먹습니다. 이런 자들이 하는 짓거리를 성령의 역사가 아니라고 비난하거나 부인하는 것이 "성령을 모독하는 죄"가 아닙니다.

원형의 복음인 물과 피의 복음, 즉 성경대로의 복음을 알고 믿은 후에, 진리의 복음을 뱉어 버리는 죄가 **성령을 모독하는 죄입니다**. 왜 그럴까요? 복음을 믿었다가 세상의 것들을 사랑하거나 핍박하는 자들이 두려워서 복음을 배반하는 것입니다.

"한번 비췸을 얻고 하늘의 은사를 맛보고 성령에 참예한바 되고 하나님의 선한 말씀과 내세의 능력을 맛보고 타락한 자들은 다시 새롭게 하여 회개케 할 수 없나니 이는 자기가 하나님의 아들을 다시 십자가에 못 박아 현저히 욕을 보임이라"(히 6:4-6).

한때 진리의 원형복음을 믿는다고 고백해서 죄 사함을 받고 성령님을 선물로 받았던 의인이 세상을 사랑하거나 사람들에게서 배척을 받을까 두려워서 복음을 부인했다면, 그것이 **성령을 모독한 죄입니다**. "내가 장로교단의 목사인데, 내가 '물과 피의 복음'을 믿는다고 고백하면 나는 이단이라고 정죄를 받고 목사의 직분을 빼앗긴 채로 교회에서 쫓겨나겠지!" 하고 진리의 복음을 믿었던 자가 복음을 부인한다면, 그는 성령을 모독하는 죄를 짓고 다시는 구원받을 길이 없다고 주님은 준엄하게 말씀하십니다.

"우리가 진리를 아는 지식을 받은 후 짐짓 죄를 범한즉 다시 속죄하는 제사가 없고 오직 무서운 마음으로 심판을 기다리는 것과 대적하는 자를 소멸할 맹렬한 불만 있으리라 모세의 법을 폐한 자도 두 세 증인을 인하여 불쌍히 여김을 받지 못하고 죽었거든 하물며 하나님 아들을 밟고 자기를 거룩하게 한 언약의 피를 부정한 것으로 여기고 은혜의 성령을 욕되게 하는 자의 당연히 받을 형벌이 얼마나 더 중하겠느냐 너희는 생각하라"(히 10:26-29).

"진리를 아는 지식"은 진리의 복음, 즉 **"물과 피의 복음"**입니다. **"성령과 물과 피의 증거가 합하여 하나"**(요일 5:8)인 원형의 복음을 받은 후에, 그것이 진리인 줄 알면서도 의도적으로 부인하는 짐짓 죄(willful sin)를 범하면, 그런 사람은 지옥의 무서운 심판을 받을 수밖에 없습니다. 진리의 복음을 알면서도 세상의 것들을 잃어버릴까 봐 의도적으로 진리의 복음을 부인한 자를 성경은 **"하나님 아들을 밟고 자기를 거룩하게 한 언약의 피를 부정한 것으로 여기고 은혜의 성령을 욕되게 하는 자"**라고 정죄합니다.

"은혜의 성령을 욕되게 하는" 죄가 **성령을 모독하는 죄**입니다. 예수님을 아직 진리의 복음 안에서 만나지 못한 사람이, "예수님은 그리스도가 아니다"라고 예수님을 부인한 죄는 그 사람이 진리의 복음을 믿게 되면 하나님께서 복음 안에서 다 용서해 주십니다. 그래서 예수님께서 "누구든지 나를 부인하는 자는 사함을 받는다"라고 말씀하셨습니다.

그런데 성령을 모독한(훼방한) 죄는, 성경대로의 온전한 복음을 듣고 믿었다가 육신의 판단이나 욕망을 좇아서 의도적으로 진리의 복음을 부인한 죄입니다. 그러한 죄는 다시는 사함을 받지 못합니다. **"물과 피의 복음"**을 믿었다가 이것을 부인하는 자는 하나님 앞에서 다시는 구원을 받지 못합니다.

"누구든지 말로 인자를 거역하면 사하심을 받으려니와 성령을 모독하는 자는 사하심을 받지 못하리라"(눅 12:10).

예수님 제자들 중에도 이렇게 진리의 복음을 듣고도, 그 당시의 지배적 종교인 유대교의 세도가들이 두려워서, "난 그렇게 안 믿는다. 예수는 그리스도가 아니다. 그분이 세례 받으실 때 우리의 죄를 다 가져가신 것이 아니다"라고 부인하는 자들이 있었습니다. 그런 자들이 **"성령을 모독하는 자들"**이었습니다. 그런 자들은 다시는 사하심을 받지 못하고 영원한 지옥 불에 떨어집니다.

우리는 마땅히 두려워해야 할 하나님을 두려워하고, 또 성령을 모독하는 죄를 절대로 짓지 말아야 합니다.

죄가 조금이라도 있으면
지옥에 갑니다

"또 무리에게 이르시되 너희가 구름이 서에서 일어남을 보면 곧 말하기를 소나기가 오리라 하나니 과연 그러하고
남풍이 붊을 보면 말하기를 심히 더우리라 하나니 과연 그러하니라
외식하는 자여 너희가 천지의 기상은 분변할 줄을 알면서 어찌 이 시대는 분변치 못하느냐
또 어찌하여 옳은 것을 스스로 판단치 아니하느냐
네가 너를 고소할 자와 함께 법관에게 갈 때에 길에서 화해하기를 힘쓰라 저가 너를 재판장에게 끌어가고 재판장이 너를 관속에게 넘겨주어 관속이 옥에 가둘까 염려하라
네게 이르노니 호리라도 남김이 없이 갚지 아니하여서는 결단코 저기서 나오지 못하리라 하시니라"(눅 12:54-59).

수년 전에 『곡성』(哭聲)이라는 스릴리 영화를 TV에서 봤습니다. 그 영화의 주인공인 경찰관의 딸로 출연한 아역 배우가 아주 연기를 잘했습니다. 그 아역 배우의 대사 중에, 전라도 사투리로 "뭣이 중한디"라고 외친 대사가 한동안 크게 유행했습니다.

무엇이 중한가?

우리는 종종 "뭣이 중한디?"를 잊어버리고 삽니다. 예수님을 믿

으면서도, 우리의 믿음 생활에서 "뭣이 중한디?"를 잊고 삽니다. 예수님께서 바리새인들에게, **"외식하는 서기관들과 바리새인들이여 너희가 박하와 회향과 근채의 십일조를 드리되 율법의 더 중한 바 의와 인과 신은 버렸도다"**(마 23:23)라고 말씀하셨습니다.

하나님 말씀에서 가장 중요한 것은 "의(義)와 인(仁)과 신(信)"입니다. 기독교인들이 어떻게 의롭게 되는지, 어떻게 하나님의 자비를 입는지, 어떤 믿음이 자기들을 영생에 이르게 하는지는 중히 여기지 않고, 이 땅에서 잘 먹고 잘 사는 것만 중히 여깁니다.

정말로 중한 것은 하나님의 은혜를 입어서 천국의 영생을 얻는 것입니다. 예수님께서 **"약대는 삼키고 하루살이는 걸러 내는도다"** 하고 탄식하신 것처럼, 기독교인들은 하루살이같이 아주 하찮은 것은 중히 여기고 진정 중하게 여겨야 할 것들은 무시하고 있습니다.

"네게 이르노니 호리라도 남김이 없이 갚지 아니하여서는 결단코 저기서 나오지 못하리라 하시니라"(눅 12:59).

"저기"는 영적으로 지옥을 의미합니다. 누구든지 죄가 호리만큼만 있어도 지옥에 갑니다. 호리(毫釐)라는 말은 털끝만큼 작은 분량을 의미합니다. 영어 성경에서는 이 말을 "동전 한 닢"(penny)으로 번역했는데, 헬라어 성경 원문에는 "고드란트"라는 화폐 단위를 썼습니다. 1 고트란트는 한 데나리온(장정 하루의 품삯)의 64분의 1이니, 지금 우리 돈으로 치면 1,000원 정도일 것입니다. 머리카락만큼만 죄가 있어도 지옥에 갑니다.

"외식하는 자여 너희가 천지의 기상은 분변할 줄을 알면서 어찌 이 시대는 분변치 못하느냐 또 어찌하여 옳은 것을 스스로 판단치 아니하느냐"(눅 12:56-57).

바리새인들과 서기관들은 "외식하는 자들"이었습니다. 그들은 온갖 악독과 방탕이 마음속에 가득하면서도, 겉으로는 거룩한 척, 의로운 척하는 자들이었습니다. 그들은 믿음이 좋은 척했지만, 실제로는 하나님의 말씀을 경외하지 않았습니다. 그들이 진정 하나님을 경외했더라면, 하나님께서 가장 중요시한 "의(義)와 인(仁)과 신(信)"을 버렸겠습니까? 그들은 외식하는 종교인들이었기에, 죄인인 자기의 미래가 어떻게 될지를 염려하고 두려워하지 않았습니다.

"또 어찌하여 옳은 것을 스스로 판단치 아니하느냐"(눅 12:57).

우리는 진정 중하고 옳은 것을 판단해야 합니다. 우리는 천국의 영생을 얻고자 하나님을 믿고 또 예수 그리스도를 구주로 고백합니다. 우리는 천국 영생에 들어가는 올바른 길을 분별해서 그 길을 걸어야 합니다.

"네가 너를 고소할 자와 함께 법관에게 갈 때에 길에서 화해하기를 힘쓰라 저가 너를 재판장에게 끌어가고 재판장이 너를 관속에게 넘겨주어 관속이 옥에 가둘까 염려하라"(눅 12:58).

예수님께서는 고소를 당해서 법정으로 끌려가는 피고소인을 예로 들어서, 하나님 앞에 가기 전에 죄 사함을 받아야 한다고 말씀하십니다. 죄가 있으면 지옥에 떨어집니다. 호리(毫釐)라도 죄가 있는 자는 결단코 지옥의 형벌을 벗어날 수 없습니다. 죄를 깨끗이 사함 받아서 흰 눈같이 의롭게 된 자들만 천국의 영생에 들어갑니다.

누구든지 죄가 있다면 영원한 지옥 불에 들어갑니다. 죄인들은 이 말씀 앞에서 "나는 죄가 있는데 지옥에 가지 않겠나?" 하고 진지하게 염려해야 합니다. 그리고 재판장이신 하나님 앞에 가기 전에 죄 사함을 받는 일이 가장 중요합니다. 물질의 축복, 건강의 축복, 사업의 축복 등등은 별로 중(重) 하지 않습니다. 그런 것은 잠시 다 지나가는 것입니다. 우리 인생 자체가 잠시 피었다가 사라지는 풀과 같이 헛됩니다.

"한번 죽는 것은 사람에게 정하신 것이요 그 후에는 심판이 있으리니"(히 9:27).

우리는 반드시 한 번 죽습니다. 죽으면 끝이 아닙니다. 그 너머에 영원한 세계가 우리를 기다리고 있습니다. 의인들에게는 영원한 천국이, 죄인들에게는 영원한 지옥이 기다리고 있습니다. 지혜로운 자는 죽음 너머의 세계를 염려합니다. 그러나 미련한 자들은 눈앞의 것들만 염려합니다. "너희가 일기는 분별하면서 장차 너희가 들어갈 영원한 세계를 염려하지 않느냐?"라고 주님께서 책망하십니다.

"죄의 삯은 사망이요"(롬 6:23).

죄가 있으면 지옥에 갑니다. 죄가 호리(毫釐)라도 있으면 둘째 사망, 즉 지옥에 들어갑니다. 죄가 있으면 지옥 간다고 주님은 분명히 말씀하십니다. 그런데 죄가 어느 정도로 많아야만 지옥 가느냐? 아닙니다. 죄가 눈곱만큼만 있어도 지옥의 판결을 피하지 못합니다. 그러므로 누구든지 죄 사함을 받고 의인으로 거듭나야 합니다. 이것이 가장 중(重)한 일입니다.

죄 사함을 받는 유일한 길

그러면 마음에 있는 나의 죄는 어떻게 갚을 수 있습니까? 우리가 선행과 봉사와 헌금과 수도를 많이 하면 우리의 죄가 상쇄돼서 없어집니까? 아닙니다. 우리의 죄는 오직 한 가지, 생명으로만 갚을 수 있는 것입니다.

"육체의 생명은 피에 있음이라 내가 이 피를 너희에게 주어 단에 뿌려 너희의 생명을 위하여 속하게 하였나니 생명이 피에 있으므로 피가 죄를 속하느니라"(레 17:11).

"피 흘림이 없은즉 사함이 없느니라"(히 9:22)고도 말씀하셨습니다. 죄는 생명, 즉 피로만 갚을 수 있습니다. 자기의 죄의 값을 지불해서 해결하려면 자기의 생명(피)을 반납하고 지옥에 가야 합니다. 아니면, 누군가가 나 대신 죗값을 지불하기 위해서 죽어 주어야 합니다. 이 중에서 두 번째가 하나님께서 우리를 사랑하신 구원의 길입니다. 그러한 대속(代贖)의 구원을 믿게 하시려고 구약시대에 계속해서 예표(豫表)로 보여 주신 것이 바로 제사법입니다.

"하나님이 그 백성을 판단하시려고 윗 하늘과 아래 땅에 반포하여 이르시되 나의 성도를 내 앞에 모으라 곧 제사로 나와 언약한 자니라 하시도다"(시 50:4-5).

하나님께서는 이스라엘 백성과 제사로 언약을 세웠습니다. 당신의 백성인 이스라엘에게 세워 주신 구약의 속죄 제사법은 1) 흠 없는 제물, 2) 안수(按手, 죄를 제물에게 넘김), 3) 제물의 대속의 죽음(피)이라는 3가지 조건이 충족되어야 했습니다. 이런 모든 제사는 대속죄일(大贖罪日)의 제사로 귀결되는데, 이스라엘 백성들은 유대 달력으로 제7월 제10일에 성막(聖幕)에 모여 대속죄일의 제사를 드렸습니다.

이날에 대제사장 아론은 홀로 제사를 진행했습니다. 그는 성막 안에서의 모든 제사 절차를 마친 후에, 마지막 희생 염소를 끌고 성막 밖으로 나왔습니다. 아론은 이스라엘 백성이 다 보는 가운데 그 희생 염소의 머리에 손을 얹고 기도했습니다. 그러면 백성 전체의 일 년 치 죄가 염소의 머리로 넘어갔습니다.

"그 지성소와 회막과 단을 위하여 속죄하기를 마친 후에 산 염소를 드리되 아론은 두 손으로 산 염소의 머리에 안수하여 이스라엘 자손의 모든 불의와 그 범한 모든 죄를 고하고 그 죄를 염소의 머리에 두어 미리 정한 사람에게 맡겨 광야로 보낼지니 염소가 그들의 모든 불의를 지고 무인지경에 이르거든 그는 그 염소를 광야에 놓을찌니라"(레 16:20-22).

백성의 대표자인 아론 대제사장이 속죄 제물인 염소의 머리에 대표(代表)로 안수함으로써, 백성들의 모든 죄가 단번에 그 염소에게 넘어가도록, 하나님은 구원의 법을 세워 주셨습니다. 이제 이스라엘 백성 전체의 일 년 치 죄를 넘겨받은 아사셀(내어놓음) 염소는 미리 정한 사람에게 맡겨져서 광야로 끌려갔습니다.

아론이라는 대표자의 안수로 백성의 일 년 치 죄를 단번에 넘겨받은 아사셀 염소가 그 모든 죄를 짊어지고 대신 죽임을 당함으로써 이스라엘 백성들은 심판을 받을 것이 없도록 하나님께서 긍휼을 베푸셨습니다. 이것은 **"동이 서에서 먼 것 같이 우리 죄과를 우리에게서 멀리 옮기셨으며"**(시 103:12)라고 하신 말씀대로, 하나님의 구원의 법을 계시한 대속죄일(大贖罪日)의 제사법입니다.

대속죄일의 제사는 **"장차 오는 좋은 일의 그림자"**(히 10:1)였습니다. **"장차 오는 좋은 일"**이란 장차 오실 예수 그리스도께서 드려 주실 **"한 영원한 제사"**(히 10:12)입니다. 예수님은 하나님의 아들이신데 흠 없는 어린양이 되기 위하여 육신을 입고 이 땅에 오셨습니다. 인류의 죄를 다 짊어지시려고 하나님의 어린양으로 오신 예수님이 인류의 대표자인 세례 요한에게 요단강에서 안수의 형식으로 세례를 받으셨습니다.

예수님께서는 세례 요한에게 세례를 청하시면서, **"이제 허락하라 우리가 이와 같이 하여 모든 의를 이루는 것이 합당하니라"(마 3:15)고 말씀하셨습니다. 예수님께서 받으신 세례로 인류의 모든 죄가 예수님께 다 넘어가서, 이 세상에는 하나님의 의가 합당하게 이루어졌습니다.

세례 받으신 이튿날, 세례 요한은 예수님을 가리키면서, "보라 세상 죄를 지고 가는 하나님의 어린양이로다"(요 1:29)라고 증거했습니다. 예수님은 받으신 세례로 세상 죄를 짊어지고 십자가로 가셨습니다. 예수님은 십자가에 못 박혀서 흘리신 당신의 보혈로 그 모든 죄의 값을 깨끗하게 지불해서 없애 주셨습니다.

"오직 그리스도는 죄를 위하여 한 영원한 제사를 드리시고 하나님 우편에 앉으사 그 후에 자기 원수들로 자기 발등상이 되게 하실 때까지 기다리시나니 저가 한 제물로 거룩하게 된 자들을 영원히 온전케 하셨느니라"(히 10:12-14).

	속죄 제사의 비교		
	하루치 제사	대속죄일의 제사	예수님의 영원한 제사
희생제물	흠 없는 염소(양)	수송아지와 숫염소	예수님의 육체(몸)
죄를 넘기는 방법	죄인이 안수함	대제사장이 안수함	인류의 대표자인 세례 요한의 세례(안수)
죄 사함의 효력	개인의 하루치 속죄	백성 전체의 일 년 치 속죄	전 인류의 영원한 속죄
제사의 주관자	제사장	대제사장	예수 그리스도 (하늘의 대제사장)
본질성	장차 올 좋은 일의 그림자(예고편)		실체(좋은 일 자체)
하나님의 섭리	성막에서 드렸던 첫째 제사 (폐해짐)		변역된 둘째(영원한) 제사
제사가 완성된 곳	땅의 성막(성전)		하늘 성소

이와 같이 예수님은 당신의 몸을 제물로 삼아서 **"한 영원한 제사"**를 드려 주셨습니다. 예수님은 흠 없는 제물이 되기 위해서 육신을 입고 이 땅에 오셨습니다. 그리고 **"물(세례)과 피(십자가)"**의 사역으로 인류의 죄를 완벽하게 대속해 주셨습니다. 그러므로 **"물과 피의 복음"**을 믿는 자는 죄 사함을 받고 결코 정죄함이 없는 의인으로 거듭납니다.

회개 기도를 하면 죄가 없어집니까? 결코 없어지지 않습니다. 피 흘림이 없은즉 사함이 없습니다. 십자가의 보혈을 믿고 죄를 고백한다고 죄가 없어집니까? 십자가의 보혈만 믿어서는 마음에 죄가 그대로 있습니다. 저도 수십 년 동안 간절히 십자가의 보혈을 믿었습니다. 금식하면서 간절히 믿고 죄를 고백했지만, 제 마음에는 늘 죄가 있었습니다. 내 죄가 예수님에게 넘어간 증거의 말씀이 없었기 때문입니다.

흠 없는 제물의 머리에 안수도 하지 않은 채 제물의 목을 그냥 땄다면, 그 제사는 불법(不法) 제사입니다. 오늘날 기독교인들이 믿고 있는 십자가의 피만의 복음은 불법 복음입니다. 그것은 예수님께서 안수의 방식으로 받으신 세례가 **빠진** 반쪽짜리의 복음이며 불법의 복음입니다.

반쪽짜리의 복음을 믿으면, 마음의 죄가 절대로 없어지지 않습니다. 그러면 어떻게 됩니까? **"죄의 삯은 사망"**이기에, 예수님을 평생 동안 믿고도 지옥에 가는 억울한 일을 당하게 됩니다.

"여호와께서 말씀하시되 오라 우리가 서로 변론하자 너희 죄가 주홍 같을찌라도 눈과 같이 희어질 것이요 진홍 같이 붉을찌라도 양털 같이 되리라"(사 1:18).

여러분의 마음에는 죄가 흰 눈같이 없어졌습니까? 제 마음은 흰 눈같이 죄가 없습니다. 그렇게 거룩함을 얻은 자만이 천국의 영생에 들어갑니다. "거룩하다"라는 말은 죄가 전혀 없는 상태를 말합니다. "**네게 이르노니 호리라도 남김이 없이 갚지 아니하여서는 결단코 저기서 나오지 못하리라 하시니라**"(눅 12:59)는 말씀을 중(重) 히 들어야 합니다.

기독죄인(基督罪人)들은 두렵고 떨리는 마음으로 진리의 복음 앞에 나와서, "하나님, 저는 지옥에 가야 마땅한 자입니다" 하고 고백을 하고 예수 그리스도께서 세례와 십자가로 우리를 구원하신 진리의 복음을 믿어서 의인으로 거듭나야 합니다.

"**한번 죽는 것은 사람에게 정하신 것이요 그 후에는 심판이 있으리니 이와 같이 그리스도도 많은 사람의 죄를 담당하시려고 단번에 드리신 바 되셨고 구원에 이르게 하기 위하여 죄와 상관 없이 자기를 바라는 자들에게 두번째 나타나시리라**"(히 9:27-28).

예수님은 "**많은 사람**" 즉 전 인류의 죄를 담당하시려고 육신을 입고 흠 없는 제물이 되어 오신 하나님의 아들입니다. "**우리는 다 양 같아서 그릇 행하여 각기 제 길로 갔거늘 여호와께서는 우리 무리의 죄악을 그에게 담당시키셨도다**"(사 53:6). 예수님은 인류의 대표자인 세례 요한에게 안수의 형식으로 세례를 받으셔서 인류의 모든 죄를 담당하셨습니다. 예수님께서 받으신 세례의 능력을 빼 버리면, 십자가에서 피 흘려 돌아가신 사건은 나와 아무 상관이 없습니다.

그러나 진리의 원형복음을 믿는 자들은 "**죄와 상관없이 자기(예수님)를 바라는 자들**"이 되었습니다. 예수님께서 받으신 세례와 십자가에서 흘리신 피의 능력을 둘 다 믿는 사람은 모든 죄의 사함을 받고 죄와 상관없는 자가 되어 다시 오실 주님을 기다립니다.

여러분은 죄와 상관없는 자들이 되었습니까? 누구든지 죄와 상관없는 자들이 되어야만 천국의 영생에 들어갑니다. 호리(毫釐)라도 죄가 있는 사람들은 반드시 지옥의 형벌을 받습니다.

"뭣이 중한디?"

죄 사함을 받고 하나님 자녀가 되는 것이 가장 중합니다.

구원을 얻은 자는 희귀합니다

"예수께서 각성 각촌으로 다니사 가르치시며 예루살렘으로 여행하시더니

혹이 여짜오되 주여 구원을 얻는 자가 적으니이까 저희에게 이르시되

좁은 문으로 들어가기를 힘쓰라 내가 너희에게 이르노니 들어가기를 구하여도 못하는 자가 많으리라

집 주인이 일어나 문을 한번 닫은 후에 너희가 밖에 서서 문을 두드리며 주여 열어 주소서 하면 저가 대답하여 가로되 나는 너희가 어디로서 온 자인지 알지 못하노라 하리니

그 때에 너희가 말하되 우리는 주 앞에서 먹고 마셨으며 주는 또한 우리 길거리에서 가르치셨나이다 하나

저가 너희에게 일러 가로되 나는 너희가 어디로서 왔는지 알지 못하노라 행악하는 모든 자들아 나를 떠나 가라 하리라

너희가 아브라함과 이삭과 야곱과 모든 선지자는 하나님 나라에 있고 오직 너희는 밖에 쫓겨난 것을 볼 때에 거기서 슬피 울며 이를 갊이 있으리라

사람들이 동서 남북으로부터 와서 하나님의 나라 잔치에 참석하리니

보라 나중 된 자로서 먼저 될 자도 있고 먼저 된 자로서 나중 될 자도 있느니라 하시더라"(눅 13:22-30).

어떤 자가 와서 예수님께 **"주여 구원을 얻는 자가 적으니이까?"** 하고 물었습니다. 예, 노아의 때에도 대홍수에서 구원받은 의인들

은 노아의 가족 여덟 명뿐이었습니다. 선지자 예레미야의 시대에도, **"내가 너희를 성읍에서 하나와 족속 중에서 둘을 택하여 시온으로 데려오겠고"**(렘 3:14)라는 말씀을 통해서 하나님의 구속의 은혜를 입은 자는 희귀하다는 사실을 압니다.

구원을 얻을 자는 예수님 시대에도 적었고 지금도 아주 적습니다. 예수님을 믿는 이들이 이렇게 많고, 그들이 "나는 예수님을 믿어서 구원을 받았습니다" 하고 고백하고 있는데, 구원을 받은 자들이 적다니 여러분은 아마 의아할 것입니다. 예수님은 구원을 받은 자들이 적다는 말씀을 에둘러서 말씀하셨습니다.

"좁은 문으로 들어가기를 힘쓰라 내가 너희에게 이르노니 들어가기를 구하여도 못하는 자가 많으리라"(눅 13:24).

좁은 문으로 들어가야 천국의 영생을 얻습니다. 영생으로 인도하는 구원의 문은 좁습니다. 하나님께서 완성해 주신 복음의 말씀을 그대로 믿어야 천국의 영생에 들어갑니다. 천국에 들어가는 문은 아주 좁습니다. 이 문은 심령이 가난한 자들, 즉 자기 의의 꼴찌들만 들어갈 수 있습니다. 자기 의의 부자들은 너무 비둔해서 이 문을 통과할 수 없습니다. 자기 의가 전혀 없는 자라야 천국의 영생에 들어간다는 뜻입니다.

그러나 사단 마귀는 진리의 복음이 아닌 **"다른 복음"**으로 큰 문을 만들어 놓고 사람들을 유인했습니다. 그 문은 화려하고 넓습니다. 사람들은 본능적으로 "인과응보(因果應報)의 법칙"을 믿는데, 그 문은 사람들의 생각과 잘 맞습니다.

천국에 들어가려면, 착하게 살아야 한다는 사람들의 고정 관념과 잘 맞는 종교의 문에 사람들이 몰려가게 되어 있습니다. 대부분의 사람들이 죄를 짓지 않고 착하게 살아야 천국 영생에 들어간다고 생각합니다. 절대다수의 사람들이 천국에 들어가려고 자기의 의와 공로를 쌓고 있습니다.

자기 의의 부자들은 천국에 들어가지 못합니다

예수님께서는 "내가 진실로 너희에게 이르노니 부자는 천국에 들어가기가 어려우니라 다시 너희에게 말하노니 약대가 바늘귀로 들어가는 것이 부자가 하나님의 나라에 들어가는 것보다 쉬우니라"(마 19:23-24)고 말씀하셨습니다. 자기 의의 부자, 즉 자기가 의롭고 선하다고 자부하는 자들은 좁은 문으로 들어갈 수 없습니다. 바리새인들이 바로 자기 의의 부자들이었습니다.

오늘날에도 현대판 바리새인들이 많습니다. 그들은 예수님을 구주로 믿는다고 대충 "영접" 기도를 하고, 그 후로는 선행(善行)을 많이 하고 봉사와 전도를 많이 해서 그런 공로로 천국에 들어가는 줄 생각합니다. 그러나 자기 의(義)의 부자들은 절대로 천국에 들어가지 못합니다. 천국에는 자기에게 의가 전혀 없다고 인정하는 소자들, 즉 자기 의의 꼴찌들만 들어갑니다. 자기가 얼마나 부족하고 악한지를 인정하는 자라야 오직 믿음으로 하나님의 의를 옷 입고 천국 영생에 들어갑니다. 예수님을 믿는 목적은 천국 영생을 얻는 것입니다.

"천국은 마치 자기 아들을 위하여 혼인 잔치를 베푼 어떤 임금과 같으니"(마 22:2)라고 말씀하십니다. 임금님이 자기 아들의 혼인 잔치를 베풀고 손님들을 보러 왔더니, 거기에 어떤 자가 임금님이 내주는 혼인식 예복을 입지 않고 자기 옷을 입고 앉아 있었습니다. 그를 본 임금님은 진노하시고 종들을 시켜서 그를 묶어서 바깥 어두운 데 내쫓으라고 명하셨습니다. "자기 옷을 입고 있다"라는 말씀은 자기의 의(義)를 가지고 천국의 혼인 잔치에 들어가려고 했다는 뜻입니다.

거의 대부분의 기독교인들이 자기 의(義)의 옷을 입고 천국에 들어가려고 합니다. 그런데 비둔한 자기의 의의 부자들이 심령이 가난한 자들만 들어갈 수 있는 좁은 문을 통과할 수 있겠습니까? 자기 의의 부자들을 좁은 문을 통과하지 못합니다. 천국의 좁은 문은 자기 의가 전혀 없는 자들만 들어갈 수 있습니다.

하나님의 말씀 앞에서, "하나님, 죄의 삯은 사망인데, 저는 지옥에 가야 마땅한 자입니다. 저는 마음이나 생각이나 행동으로 무수한 죄를 지었고 앞으로도 지을 수밖에 없는 자입니다. 하나님, 저를 불쌍히 여겨 주십시오" 하고 탄식하는 자, 즉 자기의 의(義)가 전혀 없는 자라야 죄 사함을 받고 좁은 문으로 들어갈 수 있습니다.

일등주의자들은 좁은 문을 통과할 수 없다

베데스다 못가에는 자기 의가 충만한 자들이 모여 있었습니다. 그들은 천사가 연못 물을 움직일 때에 1등으로 들어가려고 눈에 불을 켜고 있었습니다. 그들은 자기 의의 일등주의자(一等主義者)들이었습니다. 주님은 그런 자들을 만나 주시지 않습니다.

베데스다 연못의 저 뒤편에 38년 된 병자가 누워 있었습니다. 그는 아무것도 할 수 없어서, 하늘만 쳐다보며 "하나님, 저를 불쌍히 여겨 주십시오. 저는 아무것도 할 수 없는 무익한 자입니다" 하고 탄식하고 있었습니다. 주님께서는 자기 의의 꼴찌인 그 한 사람,

38년 된 병자를 만나서 그를 구원해 주셨습니다.

자기 의의 일등주의자들이 지배하고 있는 곳이 오늘날의 기독교입니다. 자기가 제일 의롭다고, 자기가 성경을 제일 많이 안다고, 자기가 제일 거룩하다고, 자기가 제일 헌신했다고 주장하는 일등주의자들이 존경받고 큰소리치는 더러운 세계가 기독교입니다. 자기 의의 부자들이 인정받고 득세하는 세계가 세속화되고 제도화된 기독교입니다.

"저가 너희에게 일러 가로되 나는 너희가 어디로서 왔는지 알지 못하노라 행악하는 모든 자들아 나를 떠나가라 하리라"(눅 13:27).

마태복음 25장에 기록된 열 처녀의 비유 말씀에는, 등만 가진 미련한 다섯 처녀와 등과 기름을 함께 가진 슬기로운 다섯 처녀가 등장합니다. 슬기로운 다섯 처녀는 죄 사함을 받아서 성령(기름)이 있는 자들입니다. 죄 사함을 받고 죄가 전혀 없는 의인으로 거듭난 자들만 천국에 들어갑니다. 죄가 호리(毫釐)라도 있는 죄인은 결단코 천국에 들어가지 못합니다.

넓은 문으로 들어가려는 자들, 즉 자기의 의를 쌓는 것이 신앙생활의 노선인 줄 아는 자들은 마음에 죄가 있습니다. 대부분의 기독교인들은 자신을 "구원받은 죄인"이라고 고백합니다. 그러나 "구원받은 죄인"이라는 존재는 있을 수 없습니다. "물에 빠져 있지만 건져진 사람"이라는 말처럼, "구원받은 죄인"이라는 말은 모순된 개념입니다. 구원을 받았으면 의인이고, 구원을 받지 못했으면 죄인입니다.

죄의 삯은 사망입니다. 예수님의 이름을 부르든 부르지 않든, 죄가 있으면 지옥의 심판을 받습니다. 천국의 문은 한 번 닫히면 다시는 열리지 않습니다. 주님께서 공중에 재림하실 때에, 거듭난 의인들은 죽은 자든지 산 자든지 홀연히 변화되는 부활의 영광을 누립니다. 일곱째 나팔이 울려 퍼질 때에, 의인들은 신령한 몸으로 변화되어서 공중으로 끌어올려 갑니다. 의인들이 휴거(携擧) 되어 공중 혼인 잔치에 들어간 후에 천국의 문은 닫힙니다. 그 후에는 천국의 문이 다시는 열리지 않습니다.

그때에 기독죄인들이 굳게 닫힌 문을 두드리면서 "주여! 열어 주소서" 하고 외치면, 주님께서 **"나는 너희가 어디로서 왔는지 알지 못하노라"** 하고 그들을 거절하십니다. 자기들이 평생 동안 예수님을 믿었고, 뼈가 빠지게 봉사하고, 헌금하고, 금식 기도도 많이 하고, 자기 자식을 죽여 가면서도 선교 현장에서 예수님의 이름을 전파했는데, "아니 주님께서 나를 모르신다고 하면 당신이 너무한 것 아닙니까?" 하고 그들은 주님께 대들 것입니다.

"저가 너희에게 일러 가로되 나는 너희가 어디로서 왔는지 알지 못하노라 행악하는 모든 자들아 나를 떠나 가라 하리라."

그들이 구원의 은총에 들어가지 못한 것은 그들의 악행 때문입니다. 여기 **"행악하는 자들"**이란, 남의 것 사기 쳐서 빼앗고, 청부 살인을 하고, 고리대금업을 해서 남의 눈에 피눈물 흘리게 하고, 교인들끼리 시기 질투하고, 비방하고, 미워하는 그런 악한 행동을 의미하지 않습니다.

주님께서 진정으로 악하다 하시는 것은 하나님의 말씀을 믿지 않는 죄입니다. 인간의 모든 죄와 허물은 **"물과 피로 임하신"**(요일 5:6) 예수님께서 받으신 세례로 다 담당하셔서 십자가의 피로 이미 깨끗이 갚아 주셨습니다. 따라서 진리의 복음 앞에서 악한 것은 "복음을 믿지 않는 죄"입니다. 복음을 믿지 않는 자가 여기서 말씀하시는 악을 행하는 자입니다. **"형제들아 너희가 삼가 혹 너희 중에 누가 믿지 아니하는 악심을 품고 살아 계신 하나님에게서 떨어질까 염려할 것이요"**(히 3:12)라고 말씀하신 바, 구원의 도를 믿지 아니하는 것이 가장 큰 악행(惡行)입니다.

반쪽짜리 복음을 고집스럽게 붙들고, 하나님께서 당신의 아들을 보내셔서 완성하신 진리의 복음을 거부하는 악을 행하는 모든 자들은 천국 영생에 들어가지 못합니다. 쓰레기 같은 인간의 의를 자랑하는 자들은 넓은 문으로 들어가서 지옥에 떨어집니다.

"다만 네 고집과 회개치 아니한 마음을 따라 진노의 날 곧 하나님의 의로우신 판단이 나타나는 그 날에 임할 진노를 네게 쌓는도다"(롬 2:5).

물과 피와 성령이 합하여 하나인 복음 외에 다른 복음은 없습니다. **"증거하는 이가 셋이니 성령과 물과 피라 또한 이 셋이 합하여 하나이니라"**(요일 5:8). 진리의 복음은 오직 물과 피와 성령의 증거를 다 가지고 있는 원형의 복음입니다. 누구든지 원형의 복음을 믿지 않는 악을 행하면 절대로 죄 사함을 받지 못합니다.

그런데 자기가 가지고 있는 반쪽짜리의 복음, 자기가 지금까지 믿어 왔던 잘못된 신앙 노선을 버리지 않는 고집쟁이들이 많습니다. 진리의 복음을 듣고도 자기의 생각을 끝까지 고집하는 것이 제일 악한 행실입니다. 물과 피로 임하신 주님께서 자기들의 모든 죄를 완벽하게 없애 주시고 천국 혼인 잔치에 초대하시는데, 자기의 의를 옷 입고 앉아서 자기의 비둔한 의로 천국에 들어가고자 고집을 부리는 자들이 행악(行惡) 하는 자들입니다.

자기 의의 꼴찌가 얻는 구원

"보라 나중 된 자로서 먼저 될 자도 있고 먼저 된 자로서 나중 될 자도 있느니라 하시더라"(눅 13:30).

마태복음 20장에는 포도원 품꾼의 비유가 기록되어 있습니다. 포도원의 주인이 하인들을 시켜서 일꾼들을 부르셨는데, 새벽부터 와서 일한 자들이 있는가 하면, 오후 5시, 즉 일을 마칠 시간에 들어온 자도 있었습니다. 그런데 포도원의 주인은 제일 끝에 들어와서 아무 일도 한 것이 없는 자부터 한 데나리온의 품삯을 주었습니다. 자기의 의가 전혀 없는 자들, 하나님 앞에 내세울 것이 전혀 없는 의의 꼴찌들이 먼저 구원을 받습니다.

잃었던 아들의 비유에서도 자기의 의가 다 깨어져서 아무것도 내세울 것이 없이 의의 누더기 옷을 걸치고 돌아온 둘째 아들이 오직 은혜로 구원을 받았습니다. 반면에 **"내가 평생 동안 아버지 명을 어긴 적이 없거늘"** 하고 자기의 의를 내세우며 불평했던 맏아들 같은 사람은 구원을 받지 못합니다. 이는 자기 의의 부자였던 바리새인들을 지적하신 비유의 말씀입니다.

지금 자기가 신앙생활을 잘하고 있다고 자부하는 분들은 오늘의 말씀 앞에 정직하게 서 보아야 합니다. 자기의 의를 쌓아서 하나님 앞에 서려고 하는 이들에게 주님은 "행악하는 자야! 나는 너를 도무지 알지 못한다"라고 말씀하십니다. 자기 의를 자랑하면서 주님께서 우리에게 원형의 복음으로 주신 완전한 하나님의 의를 거부하는 자들이 바로 행악(行惡) 하는 자들입니다.

그런 자들은 바깥 어두운 데로 내쫓겨서 영원토록 "왜 내가 그때에 그랬던고" 하고 한탄하며 이를 갈 것입니다.

"지금 내가 신앙생활을 잘하고 있다. 나만큼만 해 봐라" 하고 당신은 생각하십니까? 그런데 마음에는 죄가 있습니까? 그러면 주님께서 당신에게, **"행악하는 모든 자들아 나는 너희가 어디로서 왔는지 알지 못하노라. 나에게서 떠나가라"** 하고 판결하실 것입니다.

그런 분들은 속히 돌이켜서 **"물과 피로 임하신"** 주님의 복음을 믿음으로 붙드시기 바랍니다.

주님의 제자가 되기를 원합니까?

"허다한 무리가 함께 갈쌔 예수께서 돌이키사 이르시되

무릇 내게 오는 자가 자기 부모와 처자와 형제와 자매와 및 자기 목숨까지 미워하지 아니하면 능히 나의 제자가 되지 못하고

누구든지 자기 십자가를 지고 나를 좇지 않는 자도 능히 나의 제자가 되지 못하리라

너희 중에 누가 망대를 세우고자 할찐대 자기의 가진 것이 준공하기까지에 족할는지 먼저 앉아 그 비용을 예산하지 아니하겠느냐

그렇게 아니하여 그 기초만 쌓고 능히 이루지 못하면 보는 자가 다 비웃어

가로되 이 사람이 역사를 시작하고 능히 이루지 못하였다 하리라

또 어느 임금이 다른 임금과 싸우러 갈 때에 먼저 앉아 일만으로서 저 이만을 가지고 오는 자를 대적할 수 있을까 헤아리지 아니하겠느냐

만일 못할터이면 저가 아직 멀리 있을 동안에 사신을 보내어 화친을 청할찌니라

이와 같이 너희 중에 누구든지 자기의 모든 소유를 버리지 아니하면 능히 내 제자가 되지 못하리라"(눅 14:25-33).

오늘의 본문은 주님의 제자가 되는 길에 대한 말씀입니다. 여러분은 역사상 있었던 모든 인물들 중에서 어떤 사람을 가장 존경합니까? 여러분은 어떤 사람과 같이 되기를 원합니까?

요즘 어린이들은 인기 있는 연예인들을 흠모하고 자기도 그런 사람이 되기를 원합니다. 또 젊은이들은 금수저를 물고 태어난 재벌 2세들을 부러워합니다. 젊은 목회자들은 엄청난 대형 교회에서 사역하는 유명한 목사님들을 존경하고 그렇게 되기를 희망할 것입니다.

가장 축복된 삶, 주님의 제자 된 삶

저는 예수님의 제자가 되는 것이 가장 귀하고 보람된 삶이라고 믿습니다. 성경에 등장하는 믿음의 사람들은 모두 하나님의 종들이며 주님의 제자들이었습니다. 에녹, 노아, 아브라함, 모세, 사무엘, 다윗, 이사야, 예레미야 등 구약의 종들이나, 신약 성경에 등장하는 사도들과 제자들이 모두 주님의 제자들입니다.

어떤 이들은 "구약의 사람들은 율법을 지켜서 구원을 받았고, 신약 시대의 사람들은 예수님을 믿어서 구원을 받는다"라고 주장합니다. 그것은 잘못된 주장입니다. 하나님의 말씀은 언제나 동일합니다. 구약의 율법은 계명과 제사법으로 이루어졌는데, 구약 시대의 하나님의 백성은 계명으로 죄를 깨닫고 제사법에 계시된 구원의 도를 믿어서 죄 사함으로 말미암는 구원을 받았습니다.

예컨대, 예수님이 이 땅에 오시기 1,000년 전에 살았던 히스기야 왕의 고백을 보십시오. 그가 죽을 병에 걸렸다가 나은 후에, **"보옵소서 내게 큰 고통을 더하신 것은 내게 평안을 주려 하심이라 주께서 나의 영혼을 사랑하사 멸망의 구덩이에서 건지셨고 나의 모든 죄는 주의 등 뒤에 던지셨나이다"**(사 38:17) 하고 히스기야는 고백했습니다. 히스기야 왕은 메시아가 오셔서 안수의 방식으로 받으실 세례로 자기의 모든 죄를 주의 등 뒤에 던질 것을 정확히 알고 믿었습니다.

"**다 믿음을 따라 죽었으며 약속을 받지 못하였으되 그것들을 멀리서 보고 환영하며 또 땅에서는 외국인과 나그네로라 증거하였으니**"(히 11:13). 구약의 선지자들과 하나님의 종들은 계시의 말씀을 좇아 예수 그리스도를 보지 못하고도 믿었습니다. 그들은 "**구름 같이 둘러싼 허다한 (복음의) 증인들**"(히 12:1)입니다.

아브라함이 하나님의 명을 좇아 모리야의 한 산에 올라가서 이삭을 번제로 드리려고 할 때에, 이삭에게 "**번제 드릴 양은 여호와께서 마련하신다**"라고 고백한 말씀은 아브라함에게 계시하신 구원의 비밀입니다. 아브라함은 하나님께서 인류의 대속 양으로 당신의 외아들을 보내셔서 한 영원한 속죄의 제사를 드려 주실 것을 믿었습니다.

여러분은 재벌들, 유명한 정치가, 세상에서 인정받는 사람들, 유명한 연예인들을 성공한 사람들이라고 믿습니까? 아닙니다. 우리 하나님과 그의 말씀을 경외하는 사람들은 주님의 제자가 되는 것이 가장 큰 영광이며 성공이라고 믿습니다. 권력이나 명예나 돈이나 자아 성취 같은 것들은 다 지나가는 것이지만, 예수 그리스도의 제자는 하나님께로부터 칭찬을 받고 영원한 면류관을 받습니다. 여러분은 예수님의 제자가 되기를 원하십니까? 예수님의 제자가 되는 삶이 가장 축복되고 아름다운 삶입니다.

예수님의 제자가 되려면

그런데 예수님의 제자가 되려면, 먼저 거듭나야 합니다. 사람이 거듭나지 않고서는 예수님의 제자가 될 수 없습니다. 거듭나지 못한 사람은 제자의 자격이 없습니다. 예수님의 제자가 되려면 최소한 커트라인은 통과해야 하는데, 그 커트라인은 죄 사함을 받아서 의인으로 거듭나는 것입니다. 오늘 본문의 비유 중에, **"그렇게 아니하여 그 기초만 쌓고"**(눅 14:29)라는 말씀에서 **"기초"**란 "죄 사함 받아서 거듭난 의인이 되는 것"입니다.

둘째로, 죄 사함 받은 자들이 주님의 제자가 되려면, 자기 생각을 부인해야 합니다.

"무릇 내게 오는 자가 자기 부모와 처자와 형제와 자매와 및 자기 목숨까지 미워하지 아니하면 능히 나의 제자가 되지 못하고 누구든지 자기 십자가를 지고 나를 좇지 않는 자도 능히 나의 제자가 되지 못하리라"(눅 14:26-27). **"이와 같이 너희 중에 누구든지 자기의 모든 소유를 버리지 아니하면 능히 내 제자가 되지 못하리라"**(눅 14:33).

거듭난 의인이 주님의 좋은 제자, 즉 복음의 좋은 군사가 되려면, 자기 생각을 부인해야 합니다. 자기의 생각을 왜 부인해야 합니까? 인간의 생각은 항상 악하기 때문입니다.

"그 마음의 생각의 모든 계획이 항상 악할 뿐임을 보시고 땅 위에 사람 지으셨음을 한탄하사 마음에 근심하시고"(창 6:5-6).

아담이 범죄한 후에 사단 마귀의 죄성(罪性)을 물려받은 우리의 생각은 전적으로 부패하여 더럽습니다. 우리의 마음에서는 악한 생각밖에 올라올 것이 없습니다. 육신의 생각은 이기심과 거짓과 악독과 음란과 방탕으로 오염되어 있습니다. 인간 행위의 근본 재료인 마음이 악하고 더러운데 그것에서 나오는 말이나 생각이나 행동이 하나님께서 보시기에 깨끗하겠습니까? 그렇지 않습니다. 심히 더럽습니다.

그래서 사도 바울은 부활하신 예수님을 만나서 거듭난 후에, 전에는 자기가 자랑했던 것들, 즉 자기의 가문이나, 학벌이나, 언변이나 지식 등을 다 배설물로 여겼습니다. 진리의 복음으로 거듭난 의인들은 내주(內住) 하시는 성령께서 깨우쳐 주시는 지식을 따라 자기가 얼마나 거짓되고 부패한 존재인지를 깨닫게 됩니다.

그래서 예수님께서 자기의 모든 죄를 온전히 씻어 주신 "물과 피의 복음"이 아니라면, 자기는 **"죄인 중에 내가 괴수"**(딤전 1:15)라고 인정합니다. 의인들은 하나님께서 받으실 만한 옳고 거룩한 것이 자기에게는 전혀 없다는 사실을 잘 압니다.

반대로, 기독죄인(基督罪人)들은 자기의 의가 충만합니다. 그들은 하나님의 의를 알지 못하게 때문에, 자기의 의를 쌓고 그것을 자랑합니다. 그들은 세상의 누룩으로 부풀린 성경 지식이나 신학적인 경륜을 자랑합니다. **"누가 철학과 헛된 속임수로 너희를 노략할까 주의하라 이것이 사람의 유전과 세상의 초등 학문을 좇음이요 그리스도를 좇음이 아니니라"**(골 2:8)고 기록되었듯이, 기독교의 교리와 교훈들은 인간의 생각에서 나온 것들입니다.

기독죄인들은 성경의 진리와 자기의 실존(實存)이 맞지 않기에, 인간이 만든 교리를 통해서 하나님을 믿습니다. 성경은 **"그러므로 이제 그리스도 예수 안에 있는 자에게는 결코 정죄함이 없나니"**(롬 8:1)라고 말씀하시는데, 자기의 마음에는 죄가 있습니다. 그러니 기독죄인들은 그 간극(間隙)을 메꾸려고 소위 칭의론(稱義論, Doctrine of Justification)이라는 교리를 만들어 냈습니다. 칭의론은 "우리가 비록 죄는 있지만 예수님의 보혈을 믿을 때 하나님께서 그것을 가상히 여기셔서 의롭다고 불러 주신다"라는 주장입니다.

하나님께서는 죄인을 결코 "의롭다"라고 부르시지 않습니다. 하나님은 진리의 복음을 믿어서 흰 눈같이 죄 사함을 받고 **"의롭다 하심을 얻은 자"**(롬 3:24)들만 의인으로, 당신의 자녀로 인정하십니다.

옛것들을 부인해야

"천국은 마치 밭에 감추인 보화와 같으니 사람이 이를 발견한 후 숨겨 두고 기뻐하여 돌아가서 자기의 소유를 다 팔아 그 밭을 샀느니라"(마 13:44).

가장 귀하고 값진 직분인 주님의 제자가 되려면, 거듭나기 전에 자기가 옳다고 여기고 귀하게 간직했던 모든 것들을 배설물로 여기고 버려야 됩니다. "자기 소유" 즉 자기 육신의 생각, 세상의 헛된 지식이나 철학, 자기의 공로, 자기의 화려한 경력 등등 자랑할 만한 것들을 다 내다 팔아야만 천국 영생의 보화인 진리의 복음이 자기의 것이 됩니다.

"여호와께서 말씀하시되 오라 우리가 서로 변론하자 너희 죄가 주홍 같을찌라도 눈과 같이 희어질 것이요 진홍 같이 붉을찌라도 양털 같이 되리라"(사 1:18).

마음에 죄가 있는 기독죄인(基督罪人)들은 자기는 아직 거듭나지 못했다는 사실을 인정해야 합니다. 기독죄인들은 십자가의 피만의 복음이 초래한 자기의 비참한 상태를 직시하고 속히 진리의 복음을 믿어서 거듭나야 합니다. 또 거듭난 후에, 가장 귀한 제자의 삶을 살려면 자기를 부인해야 합니다. 거듭나기 전에 알았던 지식이나 쌓았던 공로나 인간관계 등은 다 배설물로 여기고 버려야 합니다.

진리의 복음을 믿는다고 고백하는 이들 중에 끝내 복음의 열매가 되지 못하는 이들이 많습니다. 그 이유는 진리의 복음, 물과 피의 복음을 믿는다면서도 여전히 옛것들을 버리지 못하고 그 배설물 같은 것들과 진리의 복음을 함께 섞어서 소유하려고 하기 때문입니다.

그러나 주님은 **"새 옷에서 한 조각을 찢어 낡은 옷에 붙이는 자가 없나니 만일 그렇게 하면 새 옷을 찢을 뿐이요 또 새 옷에서 찢은 조각이 낡은 것에 합하지 아니하리라 새 포도주를 낡은 가죽 부대에 넣는 자가 없나니 만일 그렇게 하면 새 포도주가 부대를 터뜨려 포도주가 쏟아지고 부대도 버리게 되리라"**(눅 5:36-37)고 말씀하셨습니다.

예수님의 제자가 되려면 무엇보다도 먼저 거듭나야 됩니다. 둘째로는 자기의 생각을 부인해야 됩니다. 자기의 지식이나 생각이나 계획 등은 다 쓰레기이고 배설물입니다. 자기의 옳음과 공로와 지식도 폐기 처분해야 됩니다. 자기의 모든 소유를 팔아야만, 천국의 보화와 같은 진리의 복음 위에 온전히 서게 됩니다.

하나님께 항복해야 합니다

예수님의 제자가 되는 것에 관한 둘째 비유는 **"전쟁하는 임금의 비유"**입니다. 어떤 임금이 다른 임금과 싸우러 나갈 때에, 십만의 군사로 자기를 향해서 쳐들어오는 이십만의 군대를 이길 수 있겠습니까? 부족한 나의 능력이나 지식을 가지고 하나님의 능력과 깊은 경륜들을 이길 수 있겠습니까? 결코 이길 수 없습니다. 그러면 어떻게 하는 것이 현명하겠습니까?

강한 임금이 침략해서 초토화시키기 전에, 그분이 아직 멀리 계실 때에 조속히 항복해야 합니다. 하나님의 뜻에 굴복하고, "하나님께서 저를 새롭게 빚어 주십시오. 토기장이이신 하나님께서 저를 당신이 쓰기 좋은 그릇으로 빚어 주십시오" 하고 무조건 항복을 해야 합니다. 깨지지 않으려고 용을 쓰면 쓸수록 주님께서 여러분을 아름다운 그릇으로 만드시는 일이 지연됩니다.

요나는 하나님을 이겨 보겠다고 고집을 부리며 다시스로 가는 배에 몸을 실었습니다. 그런데 요나가 자기의 10만 군사로 대항해서 전능하신 하나님을 이겼습니까? 요나는 하나님의 능력의 손길을 벗어나지 못하고, 큰 물고기 뱃속에 들어가서 3일 주야를 고생하다가 끝내 니느웨 해변에 뱉어졌습니다.

그 후에도 요나는 마지못해서 주님의 말씀을 순종하는 척했습니다. 하나님의 말씀대로 되지 않기를 바라며 니느웨 성을 바라볼 동안, 박 덩굴이 요나의 머리를 덮어 주었는데 그것이 한순간에 시들자 요나는 하나님께 불평하며 또 시비를 걸었습니다.

우리는 요나처럼 하나님을 이겨 보려고 하지 말아야 합니다. 좋은 제자는 주님의 몸종(bondservant)입니다. 좋은 신발을 신지 않습니다. 하나님께서 모세를 부르셨을 때에, **"이리로 가까이하지 말라 너의 선 곳은 거룩한 땅이니 네 발에서 신을 벗으라"**(출 3:5)고 말씀하셨습니다. 자기의 생각이나 계획을 벗어버린 자가 주님의 제자입니다.

저는 많은 이들이 거듭나서 주님의 제자로 또 하나님의 좋은 군사로 자라나기를 바랍니다. 그래서 많은 영혼들에게 생명의 떡을 나누어 주는 주님의 신실한 제자들이 되시기를 바랍니다.

그렇게 되기 위해서는, 첫째 진리의 복음을 믿어서 거듭나야 하고, 둘째 자기를 부인하고 주님의 뜻에 항복해야 합니다.

자기의 의를 다 잃은 자라야 구원을 받습니다

"그 둘째가 아비에게 말하되 아버지여 재산 중에서 내게 돌아올 분깃을 내게 주소서 하는지라 아비가 그 살림을 각각 나눠 주었더니

그 후 며칠이 못되어 둘째 아들이 재물을 다 모아가지고 먼 나라에 가 거기서 허랑방탕하여 그 재산을 허비하더니

다 없이한 후 그 나라에 크게 흉년이 들어 저가 비로소 궁핍한지라

가서 그 나라 백성 중 하나에게 붙여 사니 그가 저를 들로 보내어 돼지를 치게 하였는데

저가 돼지 먹는 쥐엄 열매로 배를 채우고자 하되 주는 자가 없는지라

이에 스스로 돌이켜 가로되 내 아버지에게는 양식이 풍족한 품군이 얼마나 많은고 나는 여기서 주려 죽는구나

내가 일어나 아버지께 가서 이르기를 아버지여 내가 하늘과 아버지께 죄를 얻었사오니

지금부터는 아버지의 아들이라 일컬음을 감당치 못하겠나이다 나를 품군의 하나로 보소서 하리라 하고

이에 일어나서 아버지께로 돌아가니라 아직도 상거가 먼데 아버지가 저를 보고 측은히 여겨 달려가 목을 안고 입을 맞추니

아들이 가로되 아버지여 내가 하늘과 아버지께 죄를 얻었사오니 지금부터는 아버지의 아들이라 일컬음을 감당치 못하겠나이다

하나

아버지는 종들에게 이르되 제일 좋은 옷을 내어다가 입히고 손에 가락지를 끼우고 발에 신을 신기라

그리고 살진 송아지를 끌어다가 잡으라 우리가 먹고 즐기자

이 내 아들은 죽었다가 다시 살아났으며 내가 잃었다가 다시 얻었노라 하니 저희가 즐거워하더라"(눅 15:11-24).

어떤 사람이 세상에서 술을 마시고 담배를 피우고 또 범죄를 저질러서 감옥에도 가는 등 방탕한 생활을 하다가, 자기의 악한 행실을 깨닫고 회개해서 예수 그리스도를 영접했습니다. 그 후에 그는 하나님의 은혜를 입어서 술과 담배를 끊고 모범적인 신앙인이 되었다는 간증들이 많습니다.

조○○라는 어떤 조직폭력배의 두목이 수감 생활 중에 회개하고 예수를 믿었습니다. 그는 출옥한 후에 신학교를 졸업하고 목사가 되었고, 전국을 다니면서 "돌아온 탕자의 비유" 말씀으로 많은 영혼들을 감동시켰습니다. 그런데 그 사람이 일본에 가서 다시 사기를 치고 폭행을 저질렀습니다. 그의 모든 간증은 헛것이 되었습니다.

"돌아온 탕자의 비유"가 아니라 "잃었던 아들의 비유"

이 비유 말씀이 "어떤 행악자든지 개과천선(改過遷善)해서 하나님께 돌아오면 하나님은 모든 것을 용납하고 복을 주신다"라는 뜻이라면, 이 비유는 "돌아온 탕자의 비유"라고 불리는 것이 맞습

니다. 그러나 이 비유는 "자기의 의를 다 잃어버린 자라야 오직 은혜로 구원을 받는다"라는 교훈의 말씀이기에 "잃었던 아들의 비유"라고 부르는 것이 옳습니다.

누가복음 15장에는 "잃었던 양의 비유," "잃었던 은전의 비유," 그리고 오늘의 본문인 "잃었던 아들의 비유"가 기록되어 있습니다. 세 비유는 한결같이 "자기의 의를 다 잃어버린 자라야 예수 그리스도를 만나서 구원을 받는다"라는 교훈을 줍니다. 그래서 이 비유 말씀은 "잃었던 아들의 비유"라고 불리는 것이 합당합니다.

"모든 세리와 죄인들이 말씀을 들으러 가까이 나아오니 바리새인과 서기관들이 원망하여 가로되 이 사람이 죄인을 영접하고 음식을 같이 먹는다 하더라 예수께서 저희에게 이 비유로 이르시되"(눅 15:1-3).

예수님 앞에 두 종류의 사람들이 있었습니다. 한 부류는 세리와 죄인들이었고 다른 한 부류는 바리새인과 서기관들이었습니다. 후자는 자기의 의가 충만한 자들이었고, 전자는 자기 의를 다 잃어버린 자들, 즉 자기 의의 꼴찌들이었습니다. 그런데 예수님은 "자기의 의가 전혀 없는 꼴찌들이라야 구원을 받는다"라고 말씀하십니다. 잃어버리지 않은 아흔아홉 마리의 양이나, 잃어버리지 않은 은전 아홉 개나, 자기 의가 충만한 맏아들은 주님의 의를 필요로 하지 않는 바리새인이나 서기관을 지칭합니다.

이 비유 말씀들을 들려주신 주님의 뜻을 밝히 보여 주는 구절이 있습니다. "내가 너희에게 이르노니 이와 같이 죄인 하나가 회개하면 하늘에서는 회개할 것 없는 의인 아흔아홉을 인하여 기뻐하는 것보다 더하리라"(눅 15:7). 바리새인과 서기관들은 회개할 것이 없는 자들이었습니다. 그들은 스스로 생각하기에도 너무 선하고 의롭기 때문에, 예수님께 나와서 **"죄 사함으로 말미암는 구원"**(눅 1:77)을 간청할 필요가 없었습니다.

오늘날에도 현대판 바리새인들이 기독교를 채우고 있습니다. 그들은 자기의 의가 충만하고, "너희는 나만큼만 신앙생활을 해 봐라" 하는 자만심이 가득합니다. 그런 자기 의의 부자(富者)들은 죄 사함을 받지 못합니다. 그들은 온전한 복음을 찾지도 않고, 전해 주어도 믿지를 않습니다. 그러나 그들의 마음에는 죄가 있습니다. 그래서 "주여 내 죄를 용서하여 주소서" 하고 모일 때마다 회개 기도를 드립니다. 마음에 죄가 있는 기독죄인(基督罪人)들은 아직 구원을 받지 못한 죄인일 뿐입니다.

"죄의 삯은 사망"입니다. 마음의 모든 죄가 흰 눈같이 씻어진 의인(義人)이라야 구원을 받은 것입니다. 그런데 대부분의 기독교인들은 **"물과 피로 임하신"**(요일 5:6) 예수님께서 우리의 모든 죄를 깨끗이 씻어 주신 진리의 복음을 전해 주어도 믿지 않습니다. 그들은 더러운 옷과 같은 자기의 의로 배불렀기 때문에, 하나님의 의를 필요로 하지 않습니다. 오히려 바리새인들처럼, 하나님의 의를 마다하고 더욱더 자기 의를 내세웁니다.

오늘날에도 회개할 것 없는 자칭 의인들이 많습니다. 기독교인 중에는 자기 의의 부자들이 너무나 많습니다. 그러나 부자가 천국에 들어가는 것은 낙타가 바늘귀로 들어가는 것보다 어렵습니다.

둘째 아들이 아버지로부터 챙겨 갔던 재산이 바로 자기의 의입니다. 자기 의를 가지고 나름대로 나의 망대를 지어 보겠다고 설쳤던 둘째 아들은 힘난한 세상살이 중에서 자기 의가 다 깨어져서 유구무언(有口無言)의 상태가 되었습니다. 나는 세상 사람 중에서 누구보다도 못한 자라는 깨달음에 도달한 자라야 진정으로 돌이켜서 예수 그리스도의 복음으로 죄 사함을 받고 하나님의 자녀가 됩니다.

자칭 의인들의 착각

예수님은 자칭(自稱) 의인들을 부르러 오시지 않았습니다. 자칭(自稱) 의인들은 아직 복음을 들을 마음의 준비가 되지 않은 자들입니다.

진리의 복음을 듣고 감사하며 믿음으로 그 복음을 꽉 붙잡는 자들이 누구입니까? 둘째 아들처럼 자기 의를 다 잃어버리고 "하나님, 저는 의가 전혀 없는 의의 꼴찌입니다. 하나님 저를 불쌍히 여겨 주십시오. 저는 아무것도 할 수 없습니다. 오직 하나님께서 제게 의의 옷을 입혀 주시지 않으면 저는 지옥에 가야 마땅한 자입니다"라고 고백하는 사람이라야 값없이 주시는 하나님의 의를 옷 입고 구원을 받습니다.

그런데 너무나 많은 사람들이 서기관과 바리새인들처럼 자기 의를 쌓아서 하나님께 인정을 받으려 하고 있습니다. 자기의 의를 쌓아서 하나님께 칭찬을 받겠다는 자들은 하나님께서 거저 수시는 하나님의 의를 못마땅하게 생각하고 거절합니다.

누구든지 하나님의 자녀가 되려면 첫째로 참된 회개를 해야 합니다. 값없이 구원을 받으려면, "하나님, 저는 의의 꼴찌입니다. 저는 지옥 가야 마땅한 자입니다. 저를 불쌍히 여겨 주십시오"하는 고백에 이르러야 합니다.

저도 처음 예수님을 믿을 때에는 제 의가 충만했었습니다. 길거리에서 방황하는 가출 소년을 데려다가 양자를 삼아서 키우고, 거지를 데려다가 똥이 엉겨 붙은 옷을 벗겨내서 목욕을 시킨 후에 한 상에서 같이 밥도 먹었습니다. 그런데 하나님의 율법대로 살아보려고 몸부림치는 동안에 저의 의가 깨지게 되었습니다.

제가 율법을 제대로 알지 못했을 때에는 저는 자신의 의에 도취되어 있었지만, 율법이 요구하는 선(善)의 절대적 수준을 알고 나서는 제가 얼마나 죄 덩어리이며 위선자인지를 깨닫게 되었습니다. **"이는 계명으로 말미암아 죄로 심히 죄 되게 하려 함이니라"**(롬 7:13)는 말씀대로, 저는 율법이 요구하는 대로 살아보려고 몸부림치다가 저의 의를 다 잃어버리고, 저의 근본 죄악된 모습이 드러나서 심히 죄인이 되었습니다.

율법 앞에 정직하게 서 보았던 사도 바울은 **"오호라 나는 곤고한 사람이로다 이 사망의 몸에서 누가 나를 건져 내랴"**(롬 7:24) 하고 탄식했습니다. 그렇게 자기의 의를 다 잃어버리고 유구무언(有口無言)의 심령이 되어야, 진리의 복음을 믿는 자에게 선물로 주어지는 하나님의 의를 옷 입고 의인으로 거듭나게 됩니다.

자기 의가 다 깨어져서 아버지 앞에 유구무언의 심령으로 돌아온 둘째 아들은, **"아버지여 내가 하늘과 아버지께 죄를 얻었사오니 지금부터는 아버지의 아들이라 일컬음을 감당치 못하겠나이다"**(눅 15:21) 하고 고백했습니다. "하나님, 저는 지옥에 가야 마땅한 자입니다. 저는 하나님의 아들이 될 자격이 없습니다. 그냥 하나님의 나라에 품꾼으로라도 받아 주십시오" 하는 심경에 이른 자들이 참된 회개에 이른 자들이며 **"요한의 세례"**(눅 7:29, 행 19:3)를 받은 자들입니다.

그러나 오늘날의 기독교는 요한의 세례도 받지 못한 자들, 즉 진정한 회개를 한 적도 없는 현대판 바리새인과 서기관들로 꽉 차 있습니다. 베데스다 못가의 일등주의자들과 예수 무당들이 활개치는 영적인 세계가 오늘날의 기독교입니다. 예수님은 일등주의자들의 근처에도 가지 않으셨습니다. 예수님은 저 뒤편에 누워서 하늘만 쳐다보며, "하나님 저는 아무것도 할 수 없는 의의 꼴찌입니다. 하나님 저를 불쌍히만 여겨 주십시오" 하고 탄식하던 38년 된 병자를 만나 주셨습니다.

꼴찌들에게 베푸시는 구원의 은총

"아버지는 종들에게 이르되 제일 좋은 옷을 내어다가 입히고 손에 가락지를 끼우고 발에 신을 신기라"(눅 15:22).

진정으로 회개한 자, 즉 자기는 지옥에 가야 마땅하다고 인정하며, "하나님, 저를 불쌍히 여겨 주십시오. 저는 의로운 것이라고는 전혀 찾아볼 수 없는 의의 꼴찌입니다" 하고 고백하는 자라야 주님을 만나서 오직 은혜로 거듭나게 됩니다.

"물과 피의 복음"을 믿는 자에게 주시는 은혜는 첫째, **"제일 좋은 옷"**입니다. **"제일 좋은 옷"**은 진리의 복음 안에 충만한 **"하나님의 의"**(롬 1:17)입니다. 이 옷은 하나님께서 아담에게 입혀 주셨던 가죽옷입니다. 영원토록 해지지 않고 모든 수치를 가려 주었던 가죽옷은 어린양이 희생되어서 만들어진 거룩한 옷입니다.

하나님의 의의 옷은 우리가 예수님의 세례와 십자가의 피를 믿을 때에 입혀 주시는 영원하고 거룩한 옷입니다. **"누구든지 그리스도와 합하여 세례 받은 자는 그리스도로 옷 입었느니라"**(갈 3:27). 예수님은 하나님의 아들이신데 육체를 입고 이 땅에 오셔서 인류의 대표자인 세례 요한에게 안수의 형식으로 세례를 받으셨습니다.

"그 세례"(행 10:37)로 "세상 죄를 지고 가는 하나님의 어린양"(요 1:29)이 되셨습니다.

　예수님은 십자가에 못 박혀서 "다 이루었다"(요 19:30)라고 외치시고 돌아가시기까지 피를 흘려서 우리 인류의 죄를 완벽하게 없애 주셨습니다. 이러한 원형의 복음을 믿으면, 하나님께서 완전한 의의 옷을 우리에게 입혀 주십니다.

　진정으로 회개하고 복음을 믿는 자에게 주시는 두 번째 축복은 **가락지**입니다. 아버지가 주신 가락지는 하나님의 자녀의 신분을 의미합니다. 고대의 왕족이나 귀족들은 자기 집안의 문장(紋章)이 새겨진 가락지를 끼고 있었습니다. 그 반지로 자신의 신분을 증명하고, 또 중요한 서류를 진흙으로 봉인하고 그 위에 반지의 문양으로 도장을 찍어서 증거로 삼았습니다. 손에 가락지를 끼워 주신 것은, "네가 내 맏아들의 의를 옷 입었으니 이제 너도 내 아들이다"라고 하나님께서 선포하셨다는 뜻입니다.

　진리의 복음을 믿는 자에게 주시는 세 번째 축복은 발에 신을 신겨 주신 것입니다. **"평안의 복음의 예비한 것으로 신을 신고"**(엡 6:15)라는 말씀대로, 우리는 어떤 상황에서도 평안을 누릴 수가 있습니다. 우리가 진리의 복음을 믿어서 거듭난 후에 우리의 연약이나 부족 때문에 잘못 행할 수도 있고, 사단 마귀의 시험으로 가시밭길을 갈 수도 있습니다. 그러나 복음의 능력은 완전하기에, 복음의 신을 신은 우리는 절대로 상처를 받지 않고 평안을 지킬 수 있습니다. 거듭난 이후로는 우리가 죄의 가시에 찔려서 신음하지 않게 해 주셨습니다.

자기의 의가 충만했던 맏아들

자기의 의를 다 잃었던 둘째 아들은 오직 은혜로 구원을 받고 하나님의 자녀가 되었습니다. 그런데 자기의 의가 충만했던 맏아들은 자기 아버지가 둘째 아들에게 베푼 잔치를 본 순간, 화가 머리 끝까지 치밀었습니다.

"나는 어려서부터 한 번도 아버지 말씀을 어긴 적도 없고, 집안 일을 내가 도맡아 돌봤는데 나에게는 친구와 먹으라고 염소 새끼도 한 마리 주시지 않더니 자기의 재산을 다 말아먹은 저 쓰레기 같은 놈이 돌아왔다고 이렇게 잔치를 베풉니까?"

자기 의가 많은 자들은 "저는 지옥에 가야 마땅한 자입니다" 하고 고백한 이들이 값없이 죄 사함 받고 하나님 나라에 먼저 들어가는 것을 용납할 수가 없습니다. 의의 부자들은 "아니 저런 놈이 왜 나보다 먼저 은혜를 받고 구원을 받아? 저런 놈이 헌금을 많이 해 봤어? 나처럼 선교지에 가서 자식을 죽여 봤어?" 하고 불만을 토로합니다.

포도원 품꾼의 비유를 보십시오. 아침 여섯 시부터 포도원에 들어와서 일한 자들이 바로 바리새인들입니다. 오후 5시에 들어와서 아무것도 한 일이 없는 자들, 자기의 의가 전혀 없는 이들이 바로 세리와 죄인들입니다. 그런데 누가 한 데나리온을 먼저 받았습니까? 내세울 것이라고는 아무것도 없었던 자기 의의 꼴찌들입니다.

자기 의의 꼴찌들이라야 구원을 받습니다. 자기 의의 부자들은 값없이 주시는 구원의 은혜를 입지 못합니다. 하나님 앞에 아무것도 내세울 것이 없는 자, 자기 의가 다 깨진 자라야 먼저 구원을 받고 전적인 하나님의 은혜에 감사를 드립니다.

자기 의의 꼴찌들이 먼저 구원을 받습니다. 자기의 의를 자랑했던 의의 부자들은 이 비유의 말씀 앞에 정직하게 서 보시기를 바랍니다.

심령이 가난한 자라야
영생을 얻습니다

"한 부자가 있어 자색 옷과 고운 베옷을 입고 날마다 호화로이 연락하는데

나사로라 이름한 한 거지가 헌데를 앓으며 그 부자의 대문에 누워

부자의 상에서 떨어지는 것으로 배불리려 하매 심지어 개들이 와서 그 헌데를 핥더라

이에 그 거지가 죽어 천사들에게 받들려 아브라함의 품에 들어가고 부자도 죽어 장사되매

저가 음부에서 고통 중에 눈을 들어 멀리 아브라함과 그의 품에 있는 나사로를 보고

불러 가로되 아버지 아브라함이여 나를 긍휼히 여기사 나사로를 보내어 그 손가락 끝에 물을 찍어 내 혀를 서늘하게 하소서 내가 이 불꽃 가운데서 고민하나이다

아브라함이 가로되 얘 너는 살았을 때에 네 좋은 것을 받았고 나사로는 고난을 받았으니 이것을 기억하라 이제 저는 여기서 위로를 받고 너는 고민을 받느니라

이뿐 아니라 너희와 우리 사이에 큰 구렁이 끼어 있어 여기서 너희에게 건너가고자 하되 할 수 없고 거기서 우리에게 건너 올 수도 없게 하였느니라

가로되 그러면 구하노니 아버지여 나사로를 내 아버지의 집에 보내소서

내 형제 다섯이 있으니 저희에게 증거하게 하여 저희로 이 고통 받는 곳에 오지 않게 하소서

아브라함이 가로되 저희에게 모세와 선지자들이 있으니 그들에게 들을찌니라

가로되 그렇지 아니하니이다 아버지 아브라함이여 만일 죽은 자에게서 저희에게 가는 자가 있으면 회개하리이다

가로되 모세와 선지자들에게 듣지 아니하면 비록 죽은 자 가운데서 살아나는 자가 있을찌라도 권함을 받지 아니하리라 하였다 하시니라"(눅 16:19-31).

오늘의 본문이 기록된 누가복음 16장의 앞부분에는 "지혜로운 청지기의 비유" 말씀이 있습니다. 어떤 부자에게 청지기가 있었는데, 그 청지기는 주인의 재산을 허비한다는 말을 들은 주인이 자기를 해고하려는 줄을 미리 알았습니다. 그래서 그 청지기는 자기가 해고된 후를 대비해서, 주인에게 빚을 진 사람들을 불러다가 빚을 탕감해 주었습니다. 윤리적으로 보면 이것은 사문서 위조에 해당하는 불법이며 사기입니다.

개미와 베짱이

그런데 주님께서는 그 불의한 청지기가 참 지혜롭게 행했다고 칭찬하셨습니다. 불의한 재물로 미래를 예비하는 사람이 지혜로운 사람입니다. "개미와 베짱이"라는 동화가 있습니다. 베짱이는 겨울을 대비하지 않고 놀고 먹다가, 겨울이 닥치자 개미에게 가서 구걸을 했습니다. 그러나 겨울을 대비해서 여름 동안 땀 흘려 일한 개

미들은 겨울이 닥쳐와도 걱정이 없었습니다. 지혜로운 개미들은 칭찬받을 만합니다.

눈에 보이는 세계가 다가 아닙니다. 현세(現世)는 잠시 후면 지나갑니다. 참으로 지혜로운 자는 잠시 지나가는 현세에 마음을 쏟지 않고 영원한 세계에 마음을 둡니다. 여러분은 이 땅에서의 생애가 끝나면 천국에 들어갈 것을 바라고, 또 천국에 들어갈 믿음을 예비하고서 하루하루를 살아가고 있습니까?

"죽으면 끝이지! 천국이나 지옥을 당신이 가 봤어?" 가 봐야만 압니까? 사물이 눈에 보여야만 존재하는 것은 아닙니다. 공기는 눈에 보이지 않지만 엄존하는 물질입니다. 그런데 눈으로 볼 수도 없는 물질인 공기가 없으면, 우리는 단 1분도 생명을 부지하지 못합니다.

부자와 나사로의 말씀은 그 앞에 기록된 "지혜로운 청지기"의 비유 말씀과 같은 맥락의 말씀입니다. 하나님 앞에서 우리는 진정으로 무엇을 사모해야 합니까? 예수님께서는 부자와 나사로의 예화를 통해서 어떤 사람이 영생을 예비하기 위해서 죄 사함을 받고 천국 영생에 들어가는가 하는 비밀을 알려주십니다.

재물에 대한 집착의 문제

우리가 천국 영생에 들어가려면 태산 같은 문제를 하나 넘어야 합니다. 누구든지 재물에 관한 집착을 버리지 않으면 구원의 열매를 맺지 못합니다. 지금 복음을 믿어서 죄 사함 받은 사람도 재물에 집착하는 마음을 믿음으로 극복하지 못하면 끝내 영생의 천국에 들어가지 못합니다.

"**씨 뿌리는 자의 비유**"에서, 예수님께서는 네 종류의 밭을 열거하셨습니다. 그중에서 가시덤불 밭은 복음을 듣고 믿었지만 세상의 염려와 재리의 유혹 때문에 결실하지 못하는 자를 가리킵니다.

이런 관점에서 부자와 나사로에 관한 말씀을 상고해 봅시다. 한 부자가 있었습니다. 그는 호의호식하면서 아무것도 걱정할 것이 없는 안하무인(眼下無人)의 삶을 살았습니다. 한편 그 부잣집 대문 밖에는 거지 나사로가 헌데를 앓으며 누워 있었습니다. 그는 부잣집에서 내다 버리는 음식물 쓰레기를 먹으면서 고통 중에 살았습니다.

이 예화는 단순히 재물의 부자와 가난뱅이에 관한 말씀이 아닙니다. 하나님의 말씀은 "**영이요 생명**"(요 6:63)입니다. 이 비유 말씀은 영적으로 가난한 자, 즉 자기의 죄(헌데) 때문에 괴로워하며 자기가 얼마나 부족한지 아는 자라야 구원을 받는다는 뜻입니다.

기독교인들에게 가장 큰 문제는 "됐다 치고"의 믿음입니다. 그들은 자기가 "구원받았다고 치고," 신앙생활을 합니다. 그들은 오늘의 예화에 등장하는 부자처럼 의의 부자가 되어서 신앙생활을 합니다. "됐다 치고"를 쫓아가는 기독교인들은, "과연 내가 구원을 받았나?" 하고 정직하게 자문(自問) 해 봐야 합니다.

"**죄의 삯은 사망**"(롬 6:23)입니다. 마음에 죄가 있으면 지옥에 갑니다. 그런데 거의 대부분의 기독교인들은 마음에 죄가 있습니다. 마음에 흰 눈같이 죄 사함을 받고 의인으로 거듭나려면, 성령과 물과 피의 증거가 하나인 원형의 복음을 믿어야 합니다.

그러나 대부분의 기독교인들은 사단 마귀가 날조한 반쪽짜리 복음을 믿고 있습니다. 그 결과 그들은 죄 사함을 받지 못한 채 헌데(죄)를 앓으면서 기독죄인(基督罪人)의 자리에 앉아 있습니다.

진리의 복음에서 절반을 확 잘라 버리고 반쪽만 믿기 때문입니다.

오만 원권 지폐의 반쪽만을 들고 정육점에 가서, "삼겹살로 1Kg만 주세요" 한다면 정육점 주인이 고기를 주겠습니까? 반쪽짜리의 복음을 믿으면서 "됐다 치고"의 신앙으로 배불러서 아무 걱정거리가 없는 영적 부자들은 반드시 지옥에 떨어집니다.

반면에 거지는 헌데를 앓고 있었습니다. 심령이 가난한 자는 죄 때문에 괴로워합니다. 개(거짓 선지자)들이 와서 그 헌데를 핥는다고 헌데가 낫습니까? 오히려 더러운 균만 더해져서 헌데가 악화될 뿐입니다.

거지 나사로는 괴로운 중에 하나님을 향해서 "하나님, 저는 죄가 있어서 지옥에 가야 마땅한 자입니다. 제발 저를 불쌍히 여겨 주셔서 모든 죄에서 구원해 주세요" 하고 탄식했습니다. **"하나님의 은사와 부르심에는 후회하심이 없느니라"**(롬 11:29)고 말씀하셨습니다. 하나님은 자기에게는 아무 의가 없다고 고백하는 자, 심령이 가난하고 정직한 자를 진리의 복음으로 만나 주십니다. 나사로는 **"물과 피로 임하신"**(요일 5:6) 예수 그리스도를 만나서 죄 사함을 받고 거듭났습니다.

세월이 흘렀습니다. 나사로도 죽었고 부자도 죽었습니다. 부자와 거지의 삶은 막을 내렸습니다. 그리고 영원한 세계가 전개되었습니다. 그런데 이번에는 둘의 처지가 완전히 반전되었습니다. 호의호식(好衣好食) 하던 부자는 "됐다 치고"의 신앙에 도취되어 아무 걱정 없이 살다가 죽어서는 지옥 불에 떨어졌습니다.

반면에, 이생에서 죄 때문에 괴로워하며 하나님의 구원을 간절히 바랐던 나사로는 진리의 복음을 믿어서 죄 사함을 받고 천국 영생에 들어갔습니다. 성경에는 세미한 이야기가 생략되었지만, 천국의 영생에는 마음에 흰 눈같이 죄 사함 받은 의인들만 들어가기 때문에 이렇게 유추하는 것이 합당합니다.

불가역적(不可逆的)인 하나님의 판결

부자가 불꽃 가운데서 신음하면서 눈을 들어 봤더니, 나사로가 아브라함 품에 안겨서 낙원에서 복락을 누리고 있었습니다. 자기가 지옥 불에 떨어진 것만 해도 기가 막힌데, 자기 집 대문 앞에서 쓰레기통이나 뒤지던 나사로가 천국에 있다는 사실이 부자에게는 더 기가 막혔습니다. 그래서 그는 **"아버지 아브라함이여 나를 긍휼히 여기사 나사로를 보내어 그 손가락 끝에 물을 찍어 내 혀를 서늘하게 하소서 내가 이 불꽃 가운데서 고민하나이다"** 하고 애걸했습니다.

천국과 지옥은 분명히 있습니다. "누가 알겠어! 가 봐야 알지" 하는 자들은 그 부자처럼 뜨거운 지옥의 불 맛을 본 후에야 내세(來世)가 있다는 사실을 알게 될 것입니다. 우리는 기록된 말씀으로 천국과 지옥의 영생이 있다는 사실을 눈으로 보는 것처럼 믿습니다. **"주여 사람이 깬 후에는 꿈을 무시함 같이 주께서 깨신 후에 저희 형상을 멸시하시리이다"**(시 73:20). 영원한 세계에 들어가면, 부자로 살았든 거지로 살았든 이생의 삶은 무시됩니다.

부자가 그렇게 애원했지만 아브라함은, **"너희와 우리 사이에 큰 구렁이 끼어 있어 여기서 너희에게 건너가고자 하되 할 수 없고 거기서 우리에게 건너올 수도 없게 하였느니라"** 하고 대답했습니다. 한 번 천국과 지옥행(行)이 결정되면 영원토록 변경할 수 없습니다.

가톨릭(천주교)에서는 망자(亡者)의 후손들이 열심히 선행을 하고 기도를 하면 그 공덕으로 지옥에 갔던 영혼이 연옥으로 옮겨가고, 연옥의 영혼이 천국으로 옮겨 갈 수 있다고 가르칩니다. 그것은 인본주의의 소산이며 새빨간 거짓말입니다. 그런 일은 절대로 없습니다. 하나님의 판결로 영원한 천국이나 영원한 지옥에 들어가기로 한 번 결정되면 영원토록 바꿀 수 없습니다.

누가 구원을 받는가?

부자와 나사로의 예화는 "누가 구원을 받느냐?"에 관한 말씀입니다. 나사로처럼 심령이 가난한 자, 즉 자기의 죄(헌데) 때문에 괴로워하며 이생의 삶보다는 영원한 천국을 사모하는 자라야 **"죄 사함으로 말미암는 구원"**(눅 1:77)을 받습니다. "됐다 치고"의 느긋한 심령으로 자기 의에 배부른 자들, 또 이 세상의 것들로 만족하고 자랑하는 자들은 구원을 받지 못합니다.

"약대가 바늘귀로 들어가는 것이 부자가 하나님의 나라에 들어가는 것보다 쉬우니라"(마 19:24).

부자는 구원을 받지 못합니다. 영적인 부자는 물론이고, 이 세상의 것들에 온 마음을 쏟고 있는 물질의 부자도 구원을 받지 못합니다. 자기는 죄가 있어서 지옥에 가야 할 자이면서도 회칠한 무덤처럼 위선으로 자기의 죄를 가린 채, "나만큼만 해 봐라"라고 자랑하는 자기 의의 부자들은 지옥에 갑니다.

그러면 누가 구원을 받습니까? 자기 의의 꼴찌들이 **"죄 사함으로 말미암는 구원"**을 받습니다. 거지 나사로처럼 죄(헌데) 때문에 괴로워하며 영원한 천국을 사모하는 자가 예수 그리스도께서 주시는 온전한 복음을 믿어서 죄 사함 받고 천국 영생을 누립니다.

부자의 삶이 부럽습니까? 그런데 끝에는 어떻게 되었습니까? 그래도 부자가 부럽습니까? 거지 나사로의 삶은 비참한 삶인 것 같았습니다. 그러나 어떻게 결말이 났습니까? 그는 낙원에 들어갔습니다. 그는 아브라함의 품에 안겨서 영원한 안식과 복락을 누렸습니다. 끝날 때까지 끝난 것이 아닙니다.

우리가 천국의 영생을 진정으로 사모한다면, 한 가지 넘어야 할 문제가 있습니다. 그것은 이 세상의 것들을 사랑하는 마음입니다. 여러분은 영생의 천국보다 이 세상이나 이 세상의 것들을 더 사랑합니까? 그렇다면 영생의 천국에는 들어가지 못합니다. 재물을 비롯해서 이생의 것들을 사랑하는 사람은 믿음의 길을 가는 듯하다가 끝내 실족해서 지옥으로 떨어집니다.

**"하나님이 참으로 이스라엘 중
마음이 정결한 자에게 선을 행하시나
나는 거의 실족할 뻔하였고 내 걸음이 미끄러질 뻔하였으니
이는 내가 악인의 형통함을 보고
오만한 자를 질시하였음이로다"**(시 73:1-3).

우리는 영원한 생명을 나눠 주는 청지기들입니다. 악인들이 아무리 대단한 재물과 명예와 권력을 누린다고 해도, 우리는 악인들을 부러워하지 않습니다.

그런데 시편 기자인 이 의인은 시험에 들 뻔했습니다. 하마터면 자기도 그들을 따라갈 뻔했고, 미끄러져서 실족할 뻔했습니다. "저 사람들은 저렇게 떵떵거리며 잘 살고 있는데, 하나님을 믿는다는 나는 저들 앞에서 왜 이렇게 초라한가?" 하고 시험에 빠질 뻔했습니다.

이 종은 그런 갈등으로 고뇌하던 중에, 하나님께 나아가서 예배를 드리며 말씀으로 자기 마음을 새롭게 할 때에, 저들의 결국을 깨달았습니다. **"내가 어찌면 이를 알까 하여 생각한즉 내게 심히 곤란하더니 하나님의 성소에 들어갈 때에야 저희 결국을 내가 깨달았나이다"**(시 73:16-17). 저들은 결국 영원한 지옥 불에서 고통 받을 것을 그 시편 기자는 그제야 깨달았습니다.

천국의 영생을 향해서 믿음으로 나아가는 우리의 인생은 결코 실패한 것이 아닙니다. 우리의 인생이 가장 성공한 삶입니다. 끝날 때까지는 끝난 것이 아닙니다. 부자와 나사로의 이생에서의 삶은 끝났지만, 영원한 세계에서는 둘의 처지가 완전하게 뒤바뀌었습니다.

이제 부자는 나사로를 자기 형제들에게 보내서 형제들이 지옥에 떨어지지 않도록 권고해 달라고 아브라함에게 간청했습니다. 아브라함은 **"모세와 선지자들에게 듣지 아니하면 비록 죽은 자 가운데서 살아나는 자가 있을지라도 권함을 받지 아니하리라"** 하고 거절했습니다.

간승을 믿는 신앙은 무효입니다. 모세와 선지자들의 말씀을 믿는 참된 신앙으로만 예수 그리스도 안에 있는 영생을 얻을 수 있습니다.

롯의 처를 생각하라

"바리새인들이 하나님의 나라가 어느 때에 임하나이까 묻거늘 예수께서 대답하여 가라사대 하나님의 나라는 볼 수 있게 임하는 것이 아니요

또 여기 있다 저기 있다고도 못하리니 하나님의 나라는 너희 안에 있느니라

또 제자들에게 이르시되 때가 이르리니 너희가 인자의 날 하루를 보고자 하되 보지 못하리라

사람이 너희에게 말하되 보라 저기 있다 보라 여기 있다 하리라 그러나 너희는 가지도 말고 좇지도 말라

번개가 하늘 아래 이편에서 번뜻하여 하늘 아래 저편까지 비췸 같이 인자도 자기 날에 그러하리라

그러나 그가 먼저 많은 고난을 받으며 이 세대에게 버린바 되어야 할찌니라

노아의 때에 된 것과 같이 인자의 때에도 그러하리라

노아가 방주에 들어가던 날까지 사람들이 먹고 마시고 장가 들고 시집 가더니 홍수가 나서 저희를 다 멸하였으며

또 롯의 때와 같으리니 사람들이 먹고 마시고 사고 팔고 심고 집을 짓더니

롯이 소돔에서 나가던 날에 하늘로서 불과 유황이 비오듯하여 저희를 멸하였느니라

인자의 나타나는 날에도 이러하리라

그 날에 만일 사람이 지붕 위에 있고 그 세간이 집 안에 있으면 그것을 가지러 내려오지 말 것이요 밭에 있는 자도 이와 같이

뒤로 돌이키지 말 것이니라

　롯의 처를 생각하라

　무릇 자기 목숨을 보존하고자 하는 자는 잃을 것이요 잃는 자는 살리리라

　내가 너희에게 이르노니 그 밤에 두 남자가 한 자리에 누워 있으매 하나는 데려감을 당하고 하나는 버려둠을 당할 것이요

　두 여자가 함께 매를 갈고 있으매 하나는 데려감을 당하고 하나는 버려둠을 당할 것이니라

　저희가 대답하여 가로되 주여 어디오니이까 가라사대 주검 있는 곳에는 독수리가 모이느니라 하시니라"(눅 17:20-37).

　오늘 본문의 마지막 부분에, 제자들이 **"주여 어디오니이까"** 하고 예수님께 여쭈었습니다. 예수님께서는, **"주검이 있는 곳에는 독수리가 모이느니라"** 하고 대답해 주셨습니다. 선문답(禪問答) 같은 이 말씀이 무슨 뜻일까요?

　예수님 당시의 유대인들은 그리스도, 즉 메시아가 오시기를 간절히 기다렸습니다. 그들은 다윗 왕과 같은 구원자가 오셔서 곤고한 상태에서 자기들을 구원해 주기를 바랐습니다. 그래서 예수님께서 예루살렘에 입성하실 때에, 그들은 자기들의 옷을 벗어서 길에 깔고 종려나무 가지를 흔들며 환영했습니다. 그들은 예수님을 다윗 왕의 영광스러운 시대를 재현해 주실 유대인의 왕으로 여겼기 때문입니다.

　예수님의 제자들조차도 예수님이 이 땅의 왕으로 등극하실 것이라고 믿었습니다. 그때에 갈릴리 촌놈들인 자기들도 높은 지위를 얻을 것으로 기대했습니다. 그래서 제자들 사이에는 늘 "누가 큰

자인가?"라는 다툼이 있었습니다. 야고보와 요한의 어머니는 예수님께서 예루살렘으로 올라가시는 길에 동행하면서, 예수님께서 왕으로 등극하시면 자기 아들들을 하나는 주님의 우편에 다른 하나는 주님의 좌편에 앉게 해 달라고 청탁했습니다.

그러나 예수님의 나라는 이 땅에 속한 것이 아닙니다. 하나님의 나라는 거듭난 의인들의 마음에 임하는 영적인 나라입니다. 그리고 그 나라가 구체적으로 이 땅에 실현되는 시점은 주님의 재림의 날입니다.

마지막 때의 징후와 주님의 재림

지금 지구 온난화로 인한 기상 이변이 점점 더 가속화되고 있습니다. 남극과 북극에 있는 만년설이 기온 항상성(恒常性)의 제어 장치인데 남북극의 만년설과 빙하가 녹아내리고 있습니다. 그 제어 장치가 망가져서 더 이상 지구 기온을 제어하지 못하고 있습니다. 북극의 대 빙하는 100년 전에 비해서 50% 이하로 줄었습니다.

지난 해에는 남극에서 제주도 면적의 2배가 넘는 빙산(iceberg)이 떨어져 나와서 큰 화제가 되었습니다. 모두 지구 온난화가 초래한 이변입니다. 전 세계적인 기온의 상승은 이제 멈출 수가 없습니다. 어느 지역은 섭씨 50도에 육박하는 폭염으로 많은 사람이 죽고, 나라마다 대홍수와 극한 가뭄이 대조적으로 빈발하고 있습니다.

앞으로 이 세상은 처처에 기근과 지진이 나며 난리와 전쟁의 소용돌이에 휩싸일 것입니다. 전 세계적인 재난이 극대화되면, 사단의 사주를 받는 두 짐승(바다에서 나온 짐승과 땅에서 나온 짐승)이 세계를 장악하고 의인들을 핍박하는 환란의 시대가 도래합니다.

환란은 너무 극심해서 성도들의 권세가 깨어지기까지 계속됩니다. 그러나 끝까지 믿음을 지키는 의인들은 마지막 일곱 번째 나팔 소리와 함께 주님의 재림을 맞게 됩니다.

주님은 반드시 다시 오십니다. 주님께서 재림하시는 그날이 바로 메시아 왕국이 이 땅에 시작되는 날입니다. 그날이 우리 의인들의 잔칫날입니다. 그날에 의인들은 홀연히 변화되는 첫째 부활의 영광을 입고 공중으로 끌어 올려집니다. 그것이 휴거(携擧, Rapture)입니다. 휴거 된 우리는 공중에 재림하신 주님을 만나서 공중 혼인 잔치에 들어갑니다.

"우리가 예수의 죽었다가 다시 사심을 믿을찐대 이와 같이 예수 안에서 자는 자들도 하나님이 저와 함께 데리고 오시리라 우리가 주의 말씀으로 너희에게 이것을 말하노니 주 강림하실 때까지 우리 살아 남아 있는 자도 자는 자보다 결단코 앞서지 못하리라 주께서 호령과 천사장의 소리와 하나님의 나팔로 친히 하늘로 좇아 강림하시리니 그리스도 안에서 죽은 자들이 먼저 일어나고 그 후에 우리 살아 남은 자도 저희와 함께 구름 속으로 끌어 올려 공중에서 주를 영접하게 하시리니 그리하여 우리가 항상 주와 함께 있으리라"(살전 4:14-17).

만왕의 왕이신 예수님께서 천군(天軍) 천사를 거느리시고 공중에 오셔서 하나님의 자녀인 우리들을 끌어올리십니다. 그 역사가 휴거(携擧, Rapture)입니다. 그때에 진리의 복음을 믿어서 거듭난 의인들만 부활하고 휴거 됩니다.

기독죄인(基督罪人)들은 첫째 부활과 휴거의 대상이 아닙니다. 마태복음 25장에 기록된 열 처녀의 비유에서, 주님은 슬기로운 다섯 처녀와 미련한 다섯 처녀를 구분하시고, 미련한 다섯 처녀는 천국 혼인 잔치에 들어가지 못한다고 말씀하셨습니다. 미련한 다섯 처녀들도 예수님을 믿었고, 등(교회)을 들고 예수님을 맞으러 나갔습니다.

"너희가 회개하여 각각 예수 그리스도의 이름으로 세례를 받고 죄 사함을 얻으라 그리하면 성령을 선물로 받으리니"(행 2:38) 하신 말씀대로, 기독죄인(基督罪人)들도 나름 열심히 교회를 다녔지만, 거듭나지 못해서 그들의 마음에 성령(기름)이 없습니다. 거듭나지 못한 기독죄인들은 성령을 받지 못합니다. 성령 하나님은 죄와 함께 거하실 수 없기 때문입니다.

주님께서 재림하실 때에 죄 사함 받아서 흰 눈같이 죄가 없는 의인들만 부활의 몸을 입고 홀연히 변화됩니다. 그리고 공중으로 끌어 올려져서 공중 혼인 잔치에 들어갑니다. 그리고 죄인들만 남아 있는 이 땅에는 일곱 대접의 무차별적인 하나님의 진노가 부어집니다.

그 후에 주님께서 하늘과 땅을 새롭게 하셔서 천년 왕국(the Millennial Kingdom)을 펼치십니다. 의인들은 만왕의 왕이신 주님과 함께 그 나라에서 천 년 동안 왕 노릇 할 것입니다. 천 년이 차면, 주님은 모든 죄인들을 부활시키십니다. 그것이 둘째 부활입니다. 주님께서 크고 흰 보좌를 베푸시고 죄인들에게 최후의 심판을 내리셔서 그들을 영원히 꺼지지 않는 **"불과 유황으로 타는 못"**(계 21:8)에 던져 넣으십니다.

그리고 주님은 부활의 몸을 입은 의인들과 더불어 위로부터 내려오는 새 예루살렘 성, 즉 영원한 천국으로 들어가실 것입니다. 이것이 하나님께서 정하신 마지막 때의 설계도입니다. 주님이 언제 어떻게 임하실지는 우리가 걱정할 일이 아닙니다. 하나님께서는 성경의 말씀대로 행하십시다.

당신의 믿음이나 걱정하세요

"**주여 어디이오니까**" 하고 제자들이 여쭈었습니다. 주님은 "**주검이 있는 곳에는 독수리가 모이느니라**" 하고 대답하셨습니다.

이 말씀은 "네 믿음이나 죽지 않도록 걱정하라"라는 뜻입니다. "**주검이 있는 곳에는 독수리가 모이느니라**" 하신 말씀은, 너희들이 어려움에 처해서 믿음을 잃어버리고 사망의 그림자가 너희들에게 덮어 오면 독수리가 모인다는 뜻입니다. 독수리는 사단 마귀를 상징합니다.

아프리카 초원에서 어떤 동물이 상처를 입어서 죽어 가고 있습니다. 모로 누워서 눈만 껌벅껌벅하다가 한번씩 고개를 들어서 신음 소리만 냅니다. 그러면 독수리가 하늘에서 맴돕니다. 맴도는 독수리를 보고 다른 독수리들이 더 많이 몰려듭니다. 이제 독수리들은 죽어 가는 짐승의 주변에 내려앉아서 그 짐승이 죽기까지 기다립니다.

우리가 진리의 복음을 견고하게 믿고 영적으로 깨어 있으면, 우리 안에 거하시는 성령님으로 인하여 악한 자가 우리를 만지지도 못합니다. 그러나 믿음을 잃어버려서 죽어 가게 되면, 주검이 있는 곳에는 독수리가 모입니다. "**주검이 있는 곳에는 독수리가 모이느니라**"라는 말씀은 "네 믿음이나 걱정하라"라는 뜻입니다.

지금 마음에 죄가 있는 기독죄인(基督罪人)들은 주님이 언제, 어디에 오시는지를 궁금해할 일이 아닙니다. 기독죄인들은 지금 지옥에 떨어질 자기의 처지를 걱정해야 합니다. 죄인들은 주님께서 오실 때에 첫째 부활과 휴거의 대상이 되지 못합니다. 오히려 진노의 일곱 대접을 뒤집어쓰게 됩니다. **"두 여자가 함께 매를 갈고 있으매 하나는 데려감을 당하고 하나는 버려둠을 당할 것이니라"**(눅 17:35)고 하셨는데, 그들은 이 땅에 남아서 멸망을 받을 자들입니다.

"롯의 처를 생각하라"(눅 17:32).

롯과 그의 가족들은 복음을 믿었던 의인들입니다. 그들은 아브라함과 함께 사는 동안에 아브라함에게서 번제의 제사에 계시된 구원의 복음을 반복적으로 들었습니다. 그러나 재산이 많아진 롯은 아브라함을 떠나서 소돔 성에 거했습니다. 그 후에 아브라함은 하나님의 사자들이 소돔 성을 멸하려 한다는 뜻을 알고서, "그래도 내 조카 롯이 내게서 복음을 들은 연수(年數)가 얼마인데, 거기에 가서 지금까지 의인 열 명을 못 만들었겠냐?" 하고 아브라함은 생각했습니다. 그래서 아브라함은 하나님의 사자들과 협상을 해서 의인 열 명만 있으면 소돔 성을 멸하지 않겠다는 허락을 받아 냈습니다.

그런데 전적으로 복음에 마음을 드리지 않는 자는 자기의 믿음도 지키지 못합니다. 롯의 처를 생각해 보세요. 그녀도 아브라함과 함께 있을 때에는 하나님께 대한 신앙을 올바로 고백하고 복음을 믿는다고 했습니다. 그런데 어떻게 되었습니까? 롯이 소돔 성에 가서 그의 믿음이 비실비실하니까, 롯의 아내는 죽었습니다. 주검이 있는 곳에는 독수리가 모이는 법입니다.

롯은 아브라함과 함께 했을 때에 거부(巨富)가 되었습니다. 그

많은 재물과 종들을 데리고 소돔 성으로 이주했으니, 그 아까운 것들을 버리고 가던 롯의 처가 뒤를 돌아본 것입니다. "아이구 아까운 거! 집이며 패물과 금붙이들을 다 놓고 가네!" 하며 롯의 처는 뒤를 돌아다보다가 소금 기둥으로 변했습니다. 물질을 사랑하는 그 악한 마음, 하나님 말씀을 믿지 않는 그 악한 마음 때문에, 롯의 처는 끝내 사망에 이른 것입니다.

"주검이 있는 곳에는 독수리가 모이느니라."

이 말씀은 "깨어 있어서 믿음을 지키라"라는 뜻입니다. 물과 피의 복음만이 진리입니다. 거듭난 우리는 성경대로의 복음을 생명처럼 지키고, 또 주님께서 부탁하신 대로 이 복음으로 영혼들을 구원하는 일에 마음을 드리며 믿음에 깨어 있어야 합니다.

"주검이 있는 곳에는 독수리가 모이느니라"라고 말씀하셨습니다. 이 말씀은 "영원한 지옥에 떨어지지 않도록 너나 걱정하세요"라는 뜻입니다. 세상을 사랑하는 사람들은 롯의 처를 생각해야 합니다.

새빨간 거짓말

"어떤 관원이 물어 가로되 선한 선생님이여 내가 무엇을 하여야 영생을 얻으리이까

예수께서 이르시되 네가 어찌하여 나를 선하다 일컫느냐 하나님 한분 외에는 선한 이가 없느니라

네가 계명을 아나니 간음하지 말라, 살인하지 말라, 도적질하지 말라, 거짓증거하지 말라, 네 부모를 공경하라 하였느니라

여짜오되 이것은 내가 어려서부터 다 지키었나이다

예수께서 이 말을 들으시고 이르시되 네가 오히려 한 가지 부족한 것이 있으니 네게 있는 것을 다 팔아 가난한 자들을 나눠 주라 그리하면 하늘에서 보화가 네게 있으리라 그리고 와서 나를 좇으라 하시니

그 사람이 큰 부자인 고로 이 말씀을 듣고 심히 근심하더라

예수께서 저를 보시고 가라사대 재물이 있는 자는 하나님의 나라에 들어가기가 어떻게 어려운지

약대가 바늘귀로 들어가는 것이 부자가 하나님의 나라에 들어가는 것보다 쉬우니라 하신대

듣는 자들이 가로되 그런즉 누가 구원을 얻을 수 있나이까

가라사대 무릇 사람의 할 수 없는 것을 하나님은 하실 수 있느니라"(눅 18:18-27).

어떤 관원이 예수님께 나아와서 **"선한 선생님이여 내가 무엇을 하여야 영생을 얻으리이까"** 하고 물었습니다. 사람이 이 땅에서 사는 동안에 영생을 얻는 것보다 더 귀한 것은 없습니다. 이 관원은

모든 인생에게 가장 중요한 질문을 한 것입니다.

잘못된 전제

그런데 이 관원의 질문 중에, "무엇을 하여야 영생을 얻느냐"라는 말은 잘못된 전제에 입각한 질문입니다. 이 사람은 율법주의적 종교인입니다. 그는 율법을 잘 지키고 착하게 살아서 영생을 얻는다는 고정 관념에 사로잡혀 있었습니다.

지금의 기독교인들도 대체로 이 율법사와 같은 고정 관념 속에서 신앙생활을 합니다. 말로는 "우리는 주님의 보혈을 믿고 죄 씻음을 받아서 천국에 간다"라고 하지만, 마음으로는 율법을 잘 지키며 선하게 희생하고 봉사하고 참고 용서해야 천국에 간다고 믿습니다.

저의 페이스북 친구 중에 시골에서 목회하시는 목사님이 있습니다. 그분은 여러 가지 힘든 사역 여건 속에서도, 몇 안 되는 교인들을 지성으로 섬기고 있습니다. 그분은 노인들의 집에 먹을 것을 가져다 주었다는 글과 사진을 자주 올립니다. 그런 글에 다른 페친들이 "훌륭하십니다, 참된 목자의 모범입니다", "목사님 같은 분이 천국의 주인입니다"라는 댓글이 연이어 달립니다. 착하게 살아야 천국 간다는 것이 사실은 거의 모든 기독교인들의 마음속에 새겨져 있습니다.

또 다른 목사님은 페이스북에서 아주 유명한 분인데, 그분도 남을 죽도록 섬기다가 몸이 다 망가졌습니다. 그분은 "내가 이렇게 남을 위해서 희생하고 봉사하고 헌신하는데, 내가 천국에 안 가면 누가 가겠냐?" 하는 고정 관념이 마음속에 깊이 자리 잡고 있는 듯 보입니다.

기독교인들은 선행과 희생과 봉사로 자기 만족을 삼습니다. 남들을 돌본다고 자기 자녀들은 소홀히 해서, 사역자의 자녀들은 하나님을 떠나는 경우가 많습니다. 그런 분의 마음 중심은 참 아름답지만, 그들은 주님의 진리의 복음을 모르기 때문에 오늘 본문에 등장하는 율법사처럼, "내가 무엇을 하여야만 영생을 얻는다"라는 고정 관념의 오류에서 벗어나지 못하고 있습니다.

"그러면 착하게 살고 희생적으로 봉사하는 것이 잘못되었다는 것이냐?" 물론 선한 행실이 잘못된 것은 아닙니다. 선한 행실은 귀하고 아름다운 것인데, 그것으로는 영생을 얻지 못한다는 말입니다.

천국의 영생은 거룩해져야, 즉 죄가 없는 의인으로 거듭나야만 얻습니다. "거기 죄인 전혀 없으니 거룩한 자뿐이라" 하고 찬송을 부르면서도 기독죄인(基督罪人)들은 갈등을 하지 않습니다. 그들은 "죄가 없는 사람이 어디 있어! 회개 기도를 드리면서 점점 더 성화에 이르도록 노력하는 거지!" 하고 고집을 부립니다.

그러나 성경은 **"죄의 삯은 사망"**(롬 6:23)이라고 분명히 선포합니다. 죄가 있으면 지옥 간다는 뜻입니다. 따라서 "과연 우리가 무엇을 해서 거룩해질 수가 있느냐?" 이런 질문을 해야 합니다. 우리가 율법을 온전히 지킬 수 있습니까? 자기 몸을 불사르게 내어 주거나, 자기의 모든 것을 다 팔아서 가난한 자들에게 나눠 주기까지 이웃을 내 몸같이 사랑할 수 있습니까?

우리 편에서, 내가 선한 무엇을 행해서 천국 영생에 들어갈 수 있느냐? 아닙니다. 우리의 선행으로는 결코 천국에 들어갈 수 없습니다. 교인들은 그러한 착각에서 빨리 벗어나야 합니다. 아무도 스스로의 선행으로 거룩함을 얻을 수 없습니다. 오직 진리의 복음을 믿어야만 죄 사함을 받고 거룩해져서 천국 영생에 들어갑니다. 죄가 호리(毫釐)만큼만 있어도 천국 영생에 들어가지 못합니다. 죄인은 지옥의 불의 심판을 면할 수 없습니다.

"**선생님이여 내가 무엇을 하여야 영생을 얻으리이까**"(눅 18:18). 이 질문은 종교인들의 고정 관념에서부터 나온 질문입니다. "내가 어떻게 살아야 영생을 얻습니까? 죄를 지으면 철저히 회개 기도를 하면서, 하나님 말씀에 절대적으로 순종하며 살아야 영생을 얻습니까?" 인간의 행위로는 누구도 죄가 전혀 없는 거룩함을 얻을 수 없습니다.

사람의 의는 더러운 옷과 같습니다

예수님은 이 관원의 질문을 들으시고, "너는 천국 영생에 들어가는 비밀을 깨달으려면 아직 멀었다. 네 마음이 잘못된 고정 관념으로 가득 차 있구나!" 하시고, "**네가 어찌하여 나를 선하다 일컫느냐 하나님 한 분 외에는 선한 이가 없느니라**" 하고 응답하셨습니다.

하나님 외에는 선한 자가 아무도 없습니다. 인간은 근본 된 마음이 "**만물보다 거짓되고 심히 부패**"(렘 17:9)하기 때문에, 우리에게서는 선한 것이 나올 수 없습니다. 선행이라고 행해 봐야, 하나님의 눈에는 "**다 더러운 옷**"(사 64:6)에 불과합니다.

극단적인 예를 하나 들어볼까요? 선거철이 되면 공직(公職) 출마자들이 고아원이나 양로원을 방문해서 원아들이나 병든 노인들을 씻겨 주고 음식을 떠먹여 줍니다. 그런 것들을 영상에 담아서 선거 홍보용으로 써먹습니다. 그러나 그런 후보자들이 당선되고 나면 다시는 그런 곳에 가지 않습니다. 그것이 인간의 참모습입니다. 인간은 겉으로는 선한 일을 하는 것 같지만, 그 속에는 더러운 동기(motive)들이 섞여 있습니다.

"만물보다 거짓되고 심히 부패한 것은 마음이라 누가 능히 이를 알리요마는"(렘 17:9).

만물보다 거짓되고 심히 부패한 것이 사람의 마음, 즉 나의 마음입니다. 우리는 마음 자체가 거짓됩니다. 위선의 탈을 쓰고 사는 존재가 나 자신입니다. 자기가 얼마나 거짓된지 정직하게 생각해 보십시오.

우리의 말이나 행동 속에는 항상 "~~인 척"이 들어가 있습니다. 미워하면서도 사랑하는 척, 없으면서도 있는 척, 속으로는 온갖 더러운 생각을 하면서도 거룩한 척, 모르면서도 아는 척. 우리의 "척하는" 거짓 본성을 이루 다 표현할 수 없습니다. 또 우리는 이기적이고 정욕적입니다. 저도 그렇습니다. 우리 인간은 근본 이기적이고 정욕적인 존재입니다. 인정하십니까? 그런데 어떻게 우리가 "무엇을 해서" 영생에 들어갈 수가 있겠습니까?

예수님은 "거룩한 척" 하는 바리새인들에게, **"속에서 곧 사람의 마음에서 나오는 것은 악한 생각 곧 음란과 도적질과 살인과 간음과 탐욕과 악독과 속임과 음탕과 흘기는 눈과 훼방과 교만과 광패니 이 모든 악한 것이 다 속에서 나와서 사람을 더럽게 하느니라"**(막 7:21-23)고 말씀하셨습니다.

"속에서 곧 사람의 마음에서 나오는 것은" 하고 말씀하셨는데, 우리는 모두 사람입니다. 이 말씀은 나의 마음이 온갖 악한 것으로 가득 차 있다는 말씀입니다. 우리는 이 사실을 인정해야 합니다. 우리는 근본 재료인 마음 자체가 만물보다 거짓되고 심히 부패한 존재입니다. 쉽게 말해서, 우리의 마음은 똥보다 더 더럽습니다. 똥 같은 것으로 무엇을 만들어서 하나님께서 받으실 만한 것을 내놓을 수가 있겠습니까? 똥을 말려서 고운 가루를 내고, 잘 반죽해서 온갖 토핑도 하고 기름에 지지고 구워서 예쁜 접시에 담아 가면, 하나님께서 받으시겠습니까? 재료 자체가 똥인 줄 다 아시는 하나님인데요?

　사람이 무엇을 해서 영생을 얻을 길은 전혀 없습니다. 사람에게서 나오는 것 중에는 절대로 하나님께서 받으실 만한 것이 없습니다. **"땅의 소산으로 제물을 삼아"**(창 4:3) 하나님께 나아갔던 가인과 그의 제물을 하나님은 받지 않았습니다.

하나님께서 이루어 주신 거룩함

　"율법이 육신으로 말미암아 연약하여 할 수 없는 그것을 하나님은 하시나니 곧 죄를 인하여 자기 아들을 죄 있는 육신의 모양으로 보내어 육신에 죄를 정하사 육신을 좇지 않고 그 영을 좇아 행하는 우리에게 율법의 요구를 이루어지게 하심이니라"(롬 8:3-4).

　어느 누구도 스스로의 선행으로 거룩해질 수 없습니다. **"만물보다 거짓되고 심히 부패한"** 존재가 스스로의 노력으로 거룩해지는 것은 절대 불가능합니다. 그래서 사람으로는 **"할 수 없는 그것,"** 즉 "거룩해지는 그 일"을 하나님 편에서 일방적으로 해 주셨습니다.

　"하나님이 세상을 이처럼 사랑하사 독생자를 주셨으니 이는 저를 믿는 자마다 영생을 얻게 하려 하심이니라"(요 3:16).

하나님 아버지는 당신의 외아들을 대속의 제물로 우리에게 주셨습니다. 예수님께서 이 땅에 오셔서 인류의 대표자에게 안수의 형식으로 받으신 그 세례가 인류의 모든 죄를, 우리가 앞으로 죽을 때까지 지을 모든 죄도 포함해서, 단번에 당신의 육체에 짊어지고 십자가로 가셔서 단번에 완벽하게 없애 주셨습니다.

하나님의 구속의 역사, 하나님께서 우리를 위해서 이루어 주신 하나님의 의를 우리가 믿을 때에, 가죽옷을 입었던 아담처럼 우리의 모든 수치와 허물이 다 씻어져서 결코 정죄함이 없는 의인이 됩니다.

"그러므로 이제 그리스도 예수 안에 있는 자에게는 결코 정죄함이 없나니"(롬 8:1).

예수님께서 받으신 세례와 예수님께서 흘리신 십자가의 피, 이 둘을 다 믿어야만 죄인은 죄 사함을 받고 온전히 거룩해집니다. 예수님께서 받으신 세례를 **빼놓고** 십자가의 피만 믿으면 내 죄가 예수님께 넘어갔다는 증거의 말씀이 없기 때문에 마음의 죄가 그대로 남아 있습니다.

기독죄인(基督罪人)들은 마음에 죄가 그대로 있으니까, 입술로는 "나는 십자가의 보혈을 믿어서 칭의(稱義) 구원을 받았다"라고 고백하지만 실제로는 착하게 살아야 구원을 받는다는 고정 관념에 사로잡혀 있습니다. 그들은 오늘의 본문에 등장하는 관원처럼, "사람이 무엇을 하여서 영생을 얻습니까?" 하는 도식에 빠지게 됩니다.

새빨간 거짓말

예수님께서 그 관원에게, 율법의 계명들을 열거해 주셨습니다. "네가 계명을 아나니 간음하지 말라, 살인하지 말라, 도적질하지 말라, 거짓증거하지 말라, 네 부모를 공경하라 하였느니라"(눅 18:20). 그 관원은 "내가 어려서부터 이것을 다 지켰나이다"라며 거짓말을 했습니다. 이 말은 새빨간 거짓말입니다.

우리는 율법이 요구하는 거룩함이 얼마나 절대적인가를 알아야 합니다. "**여자를 보고 음욕을 품은 자마다 이미 마음에 간음했느니라**"라고 예수님께서 말씀하셨습니다. "**탐심은 우상 숭배니라**" 하셨고, "**형제를 미워한 자마다 살인한 자니라**"고도 말씀하셨습니다. 율법은 언행으로만 조금 지켰다고 온전히 지킨 것이 아닙니다. 마음속에서라도 어떤 한 계명을 어겼다면, 그것은 율법 전체를 어긴 것입니다(약 2:10).

그러니까 우리는 율법을 결코 지킬 수 없습니다. 그러면 하나님께서는 지킬 수도 없는 율법을 도대체 왜 우리에게 주셨습니까? 하나님께서는 절대적으로 선하고 거룩한 계명을 우리에게 주셔서, 그 거룩한 율법의 거울에 자기를 비춰 보고 자기의 비참한 모습을 깨닫게 하셨습니다.

"오직 죄가 죄로 드러나기 위하여 선한 그것으로 말미암아 나를 죽게 만들었으니 이는 계명으로 말미암아 죄로 심히 죄 되게 하려 함이니라"(롬 7:13).

거룩하고 선한 율법 앞에서 자기의 악한 실체를 깨달은 사람은 하나님의 긍휼을 간청합니다. 심령이 가난한 자는 "하나님, 저는 지옥에 가야 마땅한 죄인입니다. 저를 불쌍히 여겨 주십시오. 저를 구원해 주십시오" 하고 하나님께 나아갑니다.

"전에 법을 깨닫지 못할 때에는 내가 살았더니 계명이 이르매 죄는 살아나고 나는 죽었도다"(롬 7:9). 사울(거듭나기 전의 바울)도 율법의 절대적인 수준을 알지 못했을 때에는 기고만장(氣高萬丈) 했습니다. 그런데 계명이 요구하는 거룩함의 절대적인 수준을 깨닫고 나서는, "오호라 나는 곤고한 사람이로다 이 사망의 몸에서 누가 나를 건져 내랴"(롬 7:24) 하고 탄식했습니다. 그는 자기가 얼마나 비참한 존재인가를 시인하며, 자기와 같은 죄인을 구원해 달라고 하나님께 간청했습니다.

그런데 이 관원은 자기의 실존이 얼마나 악한지에 대해서 올바른 인식이 없었습니다. 예수님께서는 그 부자 관원에게, "네가 오히려 한 가지 부족한 것이 있으니 네게 있는 것을 다 팔아 가난한 자들을 나눠 주라 그리하면 하늘에서 보화가 네게 있으리라 그리고 와서 나를 좇으라"라고 말씀하셨습니다.

"네가 진정 율법의 계명들을 어려서부터 다 지켰느냐? 네가 만일 '네 이웃을 네 몸같이 사랑하라'라는 율법의 대강령을 지켰다면, 가서 네 재산을 다 팔아서 가난한 자들에게 나눠 줘야 네 말이 참이라고 입증되는 것이 아니냐?"라는 뜻입니다. 그러자 그 부자 관원은 근심하며 떠나갔습니다.

그가 떠나간 후에, 예수님은 제자들에게, "약대가 바늘귀로 들어가는 것이 부자가 하나님의 나라에 들어가는 것보다 쉬우니라"라고 말씀하셨습니다. 여기에서 말씀하는 부자(富者)는 물질의 부자가 아닙니다. 물질의 부자라도 자기의 악을 깨닫고, 자기의 모든 죄를 예수님께서 온전히 씻어 주신 진리의 복음을 믿으면 구원을 받습니다. 이 구절의 부자는 자기 의(義)의 부자를 지칭합니다. 자기를 매우 의롭다고 생각하는 자들, 자기 의에 배부른 자들은 결코 **"죄 사함으로 말미암는 구원"**(눅 1:77)을 받지 못합니다.

예수님을 시험하고 대적했던 바리새인들이 바로 의의 부자들입니다. 그들은 자기가 대단히 의로운 줄 알고 "나만큼만 해 봐라" 하고 자고(自高) 하며 거룩한 척하는 자들이었습니다. 그런 자들은 구원을 받지 못합니다.

세리는 자기가 지옥 갈 자인 줄 인정하고 가슴을 치면서 "하나님, 저를 불쌍히 여겨 주십시오" 하고 탄식했습니다. 그렇게 심령이 가난한 자라야 예수님께서 자기를 위해서 완벽하게 베푸신 **"물과 피의 복음"**을, 즉 세례와 십자가로 완성하신 구원 사역을 믿어서 죄 사함을 받고 거룩한 의인으로 거듭나서 천국 영생에 들어갑니다.

오늘날의 기독교에는 현대판 바리새인들이 많습니다. 그들은 자기 의의 부자들입니다. "나만큼만 신앙생활 잘하고, 헌금 잘하고, 구제 잘하고, 회개 기도 잘하고, 나만큼만 용서 잘하고, 희생 잘하고, 봉사 잘하는 사람이 있으면 나와 봐라" 하는 일등주의자들이 기독교를 장악하고 있습니다.

자기가 무엇을 행해서 영생을 얻는 것은 절대 아닙니다. 그런데 현대판 바리새인들은 "나만큼만 해 봐라" 하며 자기의 의로운 행위에 도취되어 있습니다. 선행을 베푸는 것이 잘못은 아닙니다. 선행으로 자기의 의를 쌓고 그것을 자랑하며 그것으로 구원을 받는 줄 아는 것이 잘못입니다. 기독죄인(基督罪人)들이 자기도 구원을 받지 못했으면서 다른 사람들을 육신적으로 섬기며 자기 의를 쌓고 있는데, 그것은 별로 의미가 없다는 말씀입니다.

"이것은 내가 어려서부터 다 지키었나이다"(눅 18:21).

이 부자 관원의 말은 새빨간 거짓말입니다. 율법주의자들은 이런 거짓말로부터 벗어나야 합니다. 그들은 소경이면서 본다고 하는 자들입니다.

"내가 너를 권하노니 내게서 불로 연단한 금을 사서 부요하게 하고 흰 옷을 사서 입어 벌거벗은 수치를 보이지 않게 하고 안약을 사서 눈에 발라 보게 하라"(계 3:18).

현대판 바리새인들은 이 부자 관원처럼 마음에 죄가 있는데도 착하게 살아서 영생을 얻으려는 위선의 늪에 빠져서 허덕이고 있습니다. 기독죄인들은 하나님의 거룩한 계명의 거울에 자기 악한 꼬락서니를 비춰 보고 속히 자기의 비참한 실체를 깨달아야 합니다. 그리고 **"물과 피로 임하신"**(요일 5:6) 예수님께서 우리의 모든 죄를 없애 주신 진리의 복음을 믿어서 의인으로 거듭나야 합니다.

"무릇 사람의 할 수 없는 것을 하나님은 하실 수 있느니라"(눅 18:27).

사람은 스스로 거룩하게 될 수 없습니다. 그러나 하나님은 우리를 의롭고 거룩하게 변화시키실 수 있습니다. 하나님 아버지께서는 당신의 외아들 예수 그리스도를 대속의 제물로 내어 주셨습니다. 육신으로 임하신 예수님께서는 인류의 대표자인 세례 요한에게 안수의 형식으로 받으신 세례와 십자가에서 흘리신 피로 우리의 모든 죄를 온전히 없애 주셨습니다.

모든 기독죄인(基督罪人)들은 율법주의의 늪에서 벗어나서 진리의 복음으로 속히 돌아오기를 바랍니다.

꼴찌 삭개오가 얻은 구원

"예수께서 여리고로 들어 지나가시더라

삭개오라 이름하는 자가 있으니 세리장이요 또한 부자라

저가 예수께서 어떠한 사람인가 하여 보고자 하되 키가 작고 사람이 많아 할수 없어

앞으로 달려가 보기 위하여 뽕나무에 올라가니 이는 예수께서 그리로 지나가시게 됨이러라

예수께서 그곳에 이르사 우러러 보시고 이르시되 삭개오야 속히 내려오라 내가 오늘 네 집에 유하여야 하겠다 하시니

급히 내려와 즐거워하며 영접하거늘

뭇사람이 보고 수군거려 가로되 저가 죄인의 집에 유하러 들어갔도다 하더라

삭개오가 서서 주께 여짜오되 주여 보시옵소서 내 소유의 절반을 가난한 자들에게 주겠사오며 만일 뉘 것을 토색한 일이 있으면 사배나 갚겠나이다

예수께서 이르시되 오늘 구원이 이 집에 이르렀으니 이 사람도 아브라함의 자손임이로다

인자의 온 것은 잃어버린 자를 찾아 구원하려 함이니라"(눅 19:1-10).

오늘은 우리가 잘 아는 세리장 삭개오의 구원에 관해서 말씀을 나누고자 합니다. 세리장이고 부자였던 삭개오가 구원을 받은 이 말씀은 누가복음에만 기록되어 있습니다.

누가복음은 "자기 의의 꼴찌라야 구원을 받는다"라고 줄곧 선

포합니다. 누가복음에서는 소자(小子)라는 단어가 많이 나옵니다. "작은 자"라는 뜻입니다. 소자, 즉 자기의 의가 없는 자, 자기는 의에 있어서 꼴찌라고 인정하는 자라야 하나님의 의를 믿어서 구원을 받습니다.

오늘의 본문에 등장하는 세리장 삭개오는 부자였지만, 그는 영생을 사모하는 자였습니다. 그는 비록 세리장의 신분이었고 많은 죄를 지은 자였지만, 예수님께서 자기 성읍을 지나가신다는 소문을 듣고 예수님을 만나러 뛰쳐나갔습니다. 그런데 너무나 많은 사람들이 예수님을 에워싸고 몰려가고 있어서, 삭개오는 군중을 우회해서 **"앞으로 달려가 보기 위하여 뽕나무에 올라"** 갔습니다. 우리는 삭개오가 얼마나 간절히 예수님을 만나기를 원했는지 알 수 있습니다.

삭개오야 속히 내려오라

예수님은 삭개오를 만나시려고 가시던 방향을 틀어서 뽕나무 아래로 가셨습니다. 주님은 **"삭개오야 속히 내려오라 내가 오늘 네 집에 유하여야 하겠다"** 라고 말씀하셨습니다. "내가 네 마음에 들어가야겠다"라는 주님의 축복의 말씀입니다. 그러자 삭개오는 급히 내려와서 예수님을 자기 집에 모셨습니다. 그는 예수님께 은혜를 입었습니다. 그리고 삭개오는 **"내 소유의 절반을 가난한 자들에게 주겠사오며 만일 뉘 것을 토색한 일이 있으면 사 배나 갚겠나이다"** 하고 서원했습니다.

"예수께서 이르시되 오늘 구원이 이 집에 이르렀으니 이 사람도 아브라함의 자손임이로다" (눅 19:9).

예수님은 삭개오가 구원을 받았다고 확인해 주셨습니다. 예수님은 또 **"인자의 온 것은 잃어버린 자를 찾아 구원하려 함이니라"**(눅 19:10) 하고 선포하셨습니다. 그는 자기의 의를 잃어버린 소자(小子)였기에 예수님께서 그를 만나 주셨습니다. 삭개오는 비록 세리장이었고 부자였지만, 천국의 영생을 사모했고 자기의 실존을 정직하게 직시하며 자기에게는 의가 전혀 없음을 인정하는 자였습니다.

마음 중심을 살피시는 예수님

오늘의 본문 말씀에서 주목하고 상고할 부분이 있습니다. 첫째로 우리는 예수님을 열심히 따라다녔던 "무리"와 삭개오를 대비해 봐야 합니다. 예수님을 둘러싸고 열광하며 따라다녔던 무리 중에는 예수님을 영으로 만난 자가 거의 없었습니다. 그 무리 중에는 구원을 받은 자가 없을 뿐 아니라 오히려 그들은 삭개오가 예수님을 만나러 가는 길을 훼방하며 차단하고 있었습니다.

예수님께서 가버나움의 집에 계실 때에도, 너무 많은 사람들이 몰려들어서 문간에라도 운신할 수 없을 지경이었습니다. 그때에 한 중풍병자를 네 사람이 들것에 태워서 왔는데, 예수님께로 가까이 갈 수가 없었습니다. 그래서 지붕을 뜯고 들것에 줄에 달아서 중풍병자를 예수님 앞으로 내려보냈습니다. 예수님께 육신적인 복을 받으려고 몰려든 군중이 영적인 축복인 구원을 얻고자 하는 **"심령이 가난한 자들"**의 길을 가로막고 있었습니다.

지금도 종교인의 무리들이 예수님을 만나기를 간절히 바라며 예수님께 나아가는 소자(小子)들의 길을 가로막고 있습니다. 세상의 가치를 추구하면서 육신의 욕망을 좇아 예수님을 믿는 종교인의 무리는 거듭난 신앙인이 아닙니다. 그들은 기독죄인(基督罪人)

들일 뿐입니다.

그들은 "예수님을 영접했다고 치고, 구원을 받았다고 치고" 자기의 생각대로 열심히 신앙생활을 합니다. 그들은 "나는 예수님을 만나 봤고 옷도 만져 봤으니 구원을 받았다고 치고 이제부터 열심히 예배에 참석하고, 헌금을 드리고, 착한 일을 많이 하면 되겠지" 하고 결론을 내린 사람들입니다. 그러나 그들은 진리의 복음을 만나지 못해서 죄 사함을 받지 못했으며, **"중생의 씻음과 성령의 새롭게 하심"**(딛 3:5)을 입지 못한 자들입니다.

그런데도 그들은 자기들이 예수님과 제일 가까이 있다고 자랑합니다. 그러니까 구원받고자 교회를 찾는 이들도 "아, 저렇게 예수님을 믿는 거구나!" 하고 그들과 동화되어, "됐다 치고" 넘어가는 "무리의 신앙"에 빠지게 됩니다. 그러니 종교인의 무리는 지금도 소자들이 예수님께로 가는 길을 차단하고 있는 셈입니다.

구원을 받지 못했으면서도 "됐다 치고"의 오류에 빠져서 허우적거리는 무리의 신앙에서 빠져나오려면, 먼저 자기가 지옥에 갈 죄인인 것을 인정해야 됩니다. 되긴 무엇이 되었습니까? 마음에 죄가 있는 기독죄인(基督罪人)인 주제에 어떻게 천국에 들어갑니까?

"삭개오처럼 저는 아무 의가 없는 자입니다. 저는 의의 꼴찌이며 작은 자입니다. 저는 하나님의 은혜를 입지 않으면 지옥 갈 수밖에 없는 자입니다"라고 고백하지 않으면 구원을 받지 못합니다.

종교화된 기독교의 세계는 큰 자들, 자기 의가 충만한 자들, 기도, 헌신, 학벌, 선행, 전도 등 각 분야에서 일등인 사람들이 인정을 받고 존경을 받습니다. 일등주의자들이 판치는 세계에서 꼴찌들은 무시를 당하고 저 말석(末席)에 가서 잠잠히 찌그러져 있어야 합니다.

그러나 주님은 자기의 의가 충만한 아흔아홉 마리의 양을 버려 두시고, 자기의 의를 잃어버려서 애통해하며 하나님의 은총을 갈구하는 한 마리 양을 찾아가십니다.

수많은 종교인의 무리와 삭개오 중에서, 예수님은 삭개오 한 사람을 만나 주셨습니다. 삭개오는 많은 사람들의 지탄을 받고 정죄를 당했지만, 그는 자기의 의를 다 잃어버린 소자(小子)로서 구원자인 예수님을 만나기를 간절히 원했기에 예수님을 만났습니다.

인도자의 도움이 있어야

둘째로 삭개오는 예수님을 바라보기 위해서 뽕나무 위로 올라갔습니다. 성경에서 나무는 사람을 계시합니다. 뽕나무는 삭개오가 예수님을 만날 수 있도록 도와주는 역할을 한 하나님의 종을 계시합니다. 누구든지 예수님을 만나려면 먼저 거듭난 종의 도움을 받아야 합니다. 하나님의 종들을 무시하면 안 됩니다. 그들의 영적인 인도가 없이는 영혼들이 예수님을 만날 수가 없습니다.

지금껏 십자가의 피만의 복음을 믿었던 어떤 분이 **"물과 피의 복음"**이 진리의 원형복음이라고 시인하고 믿어서 죄 사함을 받았습니다. 그런데 처음에는 기뻐서 난리 법석을 떨던 그분이 저와는 절연을 했습니다. "내가 그래도 신학을 공부하고 목회를 하던 사람인데, 당신에게 더 배울 것이 있겠냐"라는 뜻입니다.

진리의 복음을 들은 후에, 자기를 인도해서 예수님을 만나게 한 하나님의 종과 절연하는 이유는 크게 두 가지입니다.

첫째는 **"물과 피의 복음"**을 좇아가다가는 자기의 생계가 걸린 거대한 종교의 마을에서 쫓겨나고 지금껏 형성해 놓았던 모든 인간관계들도 잃어버리기 때문입니다.

둘째는, "진리의 복음을 알았으니 이제 됐다! 내가 지금까지 알았던 모든 지식을 그 복음 위에 살짝 얹으면 아주 멋진 설교자가 될 수 있겠다" 하는 생각을 하는 사람은 자기를 인도하던 하나님의 종과 절연합니다.

진리의 복음 위에 쓰레기 같은 교리나 세상의 지식을 얹어서 전하면 하나님께로부터 죽임을 당합니다. 요셉이 애굽에서 모함을 받아서 감옥에 갇혀 있을 때에, 전직 고관들의 꿈을 해석해 주었습니다. 바로의 술 맡았던 관원장의 꿈은 이랬습니다.

"내가 꿈에 보니 내 앞에 포도나무가 있는데 그 나무에 세 가지가 있고 싹이 나서 꽃이 피고 포도송이가 익었고 내 손에 바로의 잔이 있기로 내가 포도를 따서 그 즙을 바로의 잔에 짜서 그 잔을 바로의 손에 드렸노라"(창 40:9-11). 요셉은 그가 전직을 회복할 것이라고 꿈을 해석해 주었습니다. 술 맡은 관원장은 하나님께서 주신 진리의 증거를 그대로 받아서 들고 나아갔기에 생명을 부지할 수 있었습니다.

떡 맡은 관원장은 동료의 꿈에 대한 요셉의 해석이 좋은 것을 보고, 자기의 꿈도 해석해 달라고 요셉에게 청했습니다.

"나도 꿈에 보니 흰떡 세 광주리가 내 머리에 있고 그 윗광주리에 바로를 위하여 만든 각종 구운 식물이 있는데 새들이 내 머리의 광주리에서 그것을 먹더라"(창 40:16-17).

요셉은 당신은 사흘 안에 죽임을 당한다고 그의 꿈을 해석해 주었습니다. 그리고 요셉의 해몽대로 되었습니다. 떡 맡은 관원장은 진리의 복음인 떡 세 덩이 위에 각종 구운 식물을 더했습니다. 그는 영적으로 큰 악을 행했기 때문에 죽임을 당한 것입니다. 철학과 초등 학문으로부터 주워 모은 쓰레기 같은 지식들이 무슨 자랑이라고 하나님의 말씀 위에 더하는 자들이 많습니다.

"이러므로 우리가 명절을 지키되 묵은 누룩도 말고 괴악하고 악독한 누룩도 말고 오직 순전함과 진실함의 누룩 없는 떡으로 하자"(고전 5:8). 우리는 누룩 없는 떡인 원형의 복음을 믿어서 구원을 얻었습니다. 복음 위에 다른 지식이나 교리를 첨가하는 자는 죽임을 당합니다.

십자가의 피만의 복음으로 오래 사역했던 목사님들 중에는 진리의 복음을 들은 후에, 그 위에다 자기의 지식이나 신념 등을 얹어서 전하는 이들이 있습니다. 그런 이들은 거듭나지 못한 자들이며 성령님의 역사하심을 맛볼 수 없습니다.

뽕나무는 그리 멋진 나무가 아닙니다. 뽕나무는 별로 크지도 않고 수형(樹形)도 볼품없습니다. 하나님의 종들도 외모로는 그리 눈에 띄는 부분이 없습니다. 하나님의 종들은 외견상 게달의 장막처럼 꺼죽합니다. 거듭난 종들은 자기를 자랑하지도 않고 꾸미지도 않아서 겉보기에는 볼품없지만, 그들의 마음밭에는 천국의 보화가 숨겨져 있습니다. 그것을 알아보고 그 밭을 사는 사람은 복이 있습니다.

뽕나무에 올라가야만 주님을 만납니다. 하나님의 종에게 순전한 마음으로 인도를 받고 배워야만 영적으로 높은 곳에 서서 주님을 만나게 됩니다.

거듭난 의인의 삶

"삭개오가 서서 주께 여짜오되 주여 보시옵소서 내 소유의 절반을 가난한 자들에게 주겠사오며 만일 뉘 것을 토색한 일이 있으면 사배나 갚겠나이다"(눅 19:8).

이렇게 초연한 처분은 쉽지 않은 결단이었습니다. 예수님께서는 이런 결단의 고백을 들으신 후에, **"오늘 구원이 이 집에 이르렀으니 이 사람도 아브라함의 자손임이로다"**라고 말씀하셨습니다.

거듭나지 못한 기독죄인들은 이런 말씀에서 혼돈이 옵니다. "아! 이 세상의 재물을 돌같이 여기고 선한 청지기의 마음이 있어야만 구원을 받는 거구나! 삭개오도 그런 결단을 보여 주어서 예수님께로부터 구원을 받았고 아브라함의 자손으로 인정을 받았구나!" 하고 오해를 합니다.

삭개오의 결단과 고백이 구원의 조건입니까? 아닙니다. 우리는 오직 진리의 복음을 믿어서 **"죄 사함으로 말미암는 구원"**(눅 1:77)을 얻습니다. 따라서 삭개오의 결단은 값없이 구원을 받은 자의 열매입니다. 삭개오는 지옥에 갈 수밖에 없는 자기를 위해 당신의 생명으로 대속의 제사를 드려 주실 예수님의 사랑에 감사해서, 자기의 재물을 복음에 유익하도록 처분한 것입니다.

삭개오의 선한 결단은 구원의 조건이 아니라 구원의 결과이며 열매입니다. 삭개오가 구원받고 성령을 선물로 받은 후에, 그는 자기의 삶과 모든 소유를 하나님의 의를 위해 아낌없이 드렸습니다. 구원은 전적으로 하나님의 선물입니다. **"누가 주께 먼저 드려서 갚으심을 받겠느뇨"(롬 11:35)**라는 말씀은, "누가 먼저 주님께 선행이나 공로를 드려서 그 대가로 구원을 받겠느냐"라는 뜻입니다. 우리는 아무것도 드린 것이 없지만, 구원은 진리의 복음을 믿는 이들에게 거저 주시는 하나님의 선물입니다.

어떤 이들은 삭개오가 언제 주님께 믿음의 고백을 했느냐고 반론을 제기합니다. 유대인들은 속죄의 제사를 자주 드리면서, 특별히 매년 제7월 제10일에 대속죄일(大贖罪日)의 제사를 드리면서, 자기들의 죄를 대신 짊어지고 영원히 없애 주실 메시아를 기다리고 있었습니다. 그들은 흠 없는 어린양으로 오셔서 안수의 방법으로 **"우리 무리의 죄악을 담당"**(사 53:6)할 메시아를 학수고대(鶴首苦待) 하고 있었습니다.

따라서 복음의 내용을 알고 있었던 유대인들은 "예수님이 그리스도이시다"라는 사실만 확인하면 죄 사함의 은혜가 임했습니다. 십자가의 한편 강도는 그렇게 예수님이 주님임을 고백하고 구원을 받았습니다. 삭개오도 예수님이 그리스도(메시아)임을 확신하고 구원의 주님으로 믿었기에 **"죄 사함으로 말미암는 구원"**(눅 1:77)을 받았습니다.

초대 교회의 사도들과 제자들도 동족(同族)인 유대인들에게 복음을 전할 때에는 **"예수는 그리스도"**(행 5:42, 18:5)라고만 전파했습니다. 그러나 초대 교회의 하나님의 종들이 이방인들이나 구약의 말씀에 대한 기초가 없는 이방 땅의 유대인들에게 복음을 전할 때에는, 예수님께서 받으신 **"그 세례"**에 관한 교훈을 자세히 전했습니다.

베드로는 가이사랴의 로마인 백부장 고넬료의 집에 들어가서, **"곧 요한이 그 세례를 반포한 후에 갈릴리에서 시작되어 온 유대에 두루 전파된 그것을 너희도 알거니와"**(행 10:37)라며 **"그 세례"**(the baptism)의 복음을 전했습니다. 또 히브리서의 기자(記者)는 이방에 흩어진 유대인들에게 복음의 원형을 제시하면서, **"세례들과 안수와 죽은 자의 부활과 영원한 심판에 관한 교훈의 터"**(히 6:2)를 견고하게 놓아 주려고 했습니다.

삭개오는 자기 의를 다 잃어버린 자입니다. 그는 의에 있어서 꼴찌 중의 한 사람입니다. 자기 의를 다 잃어버린 자라야 하나님의 구원을 선물로 받습니다.

여러분은 의의 꼴찌가 되어 보셨습니까? 여러분은 지금도 여전히 의롭고 잘났습니까? 여러분은 **"죄인 중에 내가 괴수니라"**(딤전 1:15)고 진솔하게 고백하십니까?

그렇지 않다면, 오늘 다시 한번 자기의 마음밭을 깊이 기경(起耕)해서 자기가 얼마나 악하고 거짓된 자인지를 하나님의 말씀으로 확인하고 꼴찌의 자리에 앉기를 바랍니다.

자기 의의 꼴찌라야만 구원을 받습니다.

요한의 세례가 어디로서냐?

"하루는 예수께서 성전에서 백성을 가르치시며 복음을 전하실 쌔 대제사장들과 서기관들이 장로들과 함께 가까이 와서

말하여 가로되 당신이 무슨 권세로 이런 일을 하는지 이 권세를 준이가 누구인지 우리에게 말하라

대답하여 가라사대 나도 한 말을 너희에게 물으리니 내게 말하라

요한의 세례가 하늘로서냐 사람에게로서냐

저희가 서로 의논하여 가로되 만일 하늘로서라 하면 어찌하여 저를 믿지 아니하였느냐 할 것이요

만일 사람에게로서라 하면 백성이 요한을 선지자로 인정하니 저희가 다 우리를 돌로 칠 것이라 하고

대답하되 어디로서인지 알지 못하노라 하니

예수께서 이르시되 나도 무슨 권세로 이런 일을 하는지 너희에게 이르지 아니하리라 하시니라"(눅 20:1-8).

예수님께서 성전에 들어가셔서 복음을 전하시고 가르치실 때에 대제사장들과 서기관들과 백성들의 장로들이 예수님께 나왔습니다.

그들은 "당신이 무슨 권세로 이런 일을 하는지 이 권세를 준 이가 누구인지 우리에게 말하라" 하고 위압적으로 예수님께 물었습니다. 그러자 예수님께서 그들에게, "나도 한 말을 너희에게 물으리니 내게 말하라 요한의 세례가 하늘로서냐 사람에게로서냐"라고 반문(反問) 하셨습니다.

요한의 세례는 하늘로서입니다

예수님의 질문에 그들은 당황했습니다. 그들은 "하늘로서라"고도 "사람에게서라"고도 대답할 수 없는 곤란한 상황에 빠지게 되었습니다. "요한의 세례는 하늘로서 왔다"라고 대답하면, "그러면 왜 너희들은 요한이 전한 말씀을 믿지 않았느냐"라고 추궁을 당할까 두려웠습니다.

반대로, 요한의 세례가 "사람에게서라"고 대답하면, 당시의 이스라엘 백성들은 요한을 선지자라고 믿었기 때문에 자기들이 백성들로부터 배척을 당하고 궁지에 몰릴 것이 두려웠습니다. 결국 대제사장과 서기관들과 백성들의 장로들은 자기들끼리 수근거리다가, **"어디로서인지 알지 못하노라"**라고 답하며 물러갔습니다.

"요한의 세례가 하늘로서냐 사람에게로서냐"(눅 20:4)

"요한의 세례"가 무엇을 의미합니까? 그것은 세례 요한이 베푼 세례를 말합니다. 세례 요한은 당시의 백성들 중에서 진정으로 회개하고 하나님의 긍휼을 바라는 자들에게 요단강에서 물로 세례를 베풀었습니다.

그는 또한 예수님께도 세례를 베풀었습니다. 우리는 세례 요한이 예수님께 베푼 **"그 세례"**(행 10:37, the baptism)와 그가 회개한 백성들에게 "회개의 표"로 베푼 물 세례의 의미와 관계를 상고해 봐야 합니다.

세례 요한은 아비야(아론의 손자) 반열(班列)의 제사장 사가랴와 아론의 후손인 엘리사벳 사이에서 태어난 하나님의 종입니다. 그는 **"하나님께로서 보내심을 받은"**(요 1:6) 선지자였습니다.

세례 요한은 구약 성경을 통해서 하나님께서 보내시기로 약속

된 하나님의 종입니다. 이사야서에서는 "외치는 자의 소리여 가로되 너희는 광야에서 여호와의 길을 예비하라 사막에서 우리 하나님의 대로를 평탄케 하라"(사 40:3)는 예언의 말씀으로, 세례 요한은 메시아가 오셨을 때에 그의 길을 예비하러 보내심을 받은 종입니다.

구약의 마지막 예언서인 말라기서에는 세례 요한에 대해서 더 구체적으로 예언되어 있습니다.

"만군의 여호와가 이르노라 보라 내가 내 사자를 보내리니 그가 내 앞에서 길을 예비할 것이요 또 너희의 구하는 바 주가 홀연히 그 전에 임하리니 곧 너희의 사모하는 바 언약의 사자가 임할 것이라"(말 3:1).

"보라 여호와의 크고 두려운 날이 이르기 전에 내가 선지 엘리야를 너희에게 보내리니 그가 아비의 마음을 자녀에게로 돌이키게 하고 자녀들의 마음을 그들의 아비에게로 돌이키게 하리라 돌이키지 아니하면 두렵건대 내가 와서 저주로 그 땅을 칠까 하노라 하시니라"(말 4:5-6).

엘리야는 아합 왕 시대에 북 왕조 이스라엘의 선지자입니다. 당시의 이스라엘은 우상 숭배에 빠져서 이방의 우상 신(神)인 바알과 아세라를 섬겼습니다. 그때에 하나님 종 엘리야가 일어나서 이방신의 제사장들 850명과 갈멜산에서 대결했습니다. 그 결과 엘리야는 여호와 하나님이 참신임을 증거하고 백성들과 함께 모든 거짓 선지자들을 진멸했습니다.

그 일로 인해서 이스라엘 백성들은 회개하고 하나님께로 돌아서게 되었습니다. 이렇게 엘리야는 백성들의 마음을 하나님께 돌이키게 하고 하나님의 마음을 자기 백성에게 돌이키게 한 하나님의 종입니다.

그처럼 엘리야의 심령으로, 엘리야와 같은 사역을 하러 온 종이 바로 세례 요한입니다. 세례 요한은 하나님께로부터 보내심을 받은 자로 태어나서, 나면서부터 나실인(Nazarite)으로 경건하게 자라났습니다. 그는 포도주와 독주를 마시지 아니하고 머리에 삭도를 대지 아니하고 광야에 거하면서 메뚜기와 석청을 먹었습니다. 그는 세상과 구별된(consecrated) 경건한 삶을 살았습니다.

그는 낙타 털옷을 입고 허리에는 가죽 띠를 띠었습니다. 그의 형상은 "그는 **털이 많은 사람인데 허리에 가죽 띠를 띠었더이다 왕이 가로되 그는 디셉 사람 엘리야로다**"(왕하 1:8) 하고 기록된 엘리야를 연상하게 합니다.

세례 요한은 "회개하라 하나님 나라가 가까이 왔다"라고 외쳤습니다. 요한의 경건한 삶에 도전을 받은 백성들은 그에게 나아가서 그의 교훈을 들으면서 자기의 악한 모습들을 깨달았습니다. 많은 이들이 "나는 우상을 숭배하고 음란하고 탐욕스럽고 거짓된 삶을 살았노라"라고 자백하며 하나님께 돌아왔습니다. 세례 요한은 진정으로 회개하고 하나님께 돌아온 자들에게 회개의 표로 "물 세례"를 주었습니다. 참된 회개는 자기가 지옥 갈 자라고 인정하고 하나님의 긍휼을 바라고 하나님께 나오는 것입니다.

그렇게 마음 중심에서부터 자기 악을 인정하며 자기의 죄를 자복하고 나오는 자들에게 세례 요한은 물로 세례를 주면서 "**의의 도**"(마 21:32)를 선포했습니다.

"나는 물로 세례를 주거니와 너희 가운데 너희가 알지 못하는 한 사람이 섰으니 곧 내 뒤에 오시는 그이라 나는 그의 신들메 풀기도 감당치 못하겠노라요"(요 1:26-27).

"나도 그를 알지 못하였으나 내가 와서 물로 세례를 주는 것은 그를 이스라엘에게 나타내려 함이라"(요 1:31).

세례 요한은 진정으로 회개한 자들에게 물로 세례를 주면서, "우리 가운데 메시아가 이미 와 계신다. 아직은 나도 그분이 누구신지 모르겠다. 그러나 나를 보내서 물로 세례를 주라 하신 하나님께서 내가 누구에게 안수의 형식으로 세례를 베풀 때에, 성령이 비둘기처럼 그 위에 내리는 것을 보거든 그가 메시아인 줄 알라고 말씀하셨다"라며 메시아를 소개했습니다.

세례 요한이 백성들에게 베푼 세례는, 예수님을 메시아로 믿을 수 있는 마음의 준비를 시킨 세례입니다. 그것은 참된 회개의 표로 준 세례입니다. 아무나 예수님을 믿어서, 예수님을 구주로 고백한다고 죄 사함을 받는 것이 아닙니다. 진정으로 자기가 지옥에 갈 자라고 인정하는 자라야 예수 그리스도를 진리의 복음으로 만나서 죄 사함을 받고 거듭납니다.

그래서 세례 요한은 바리새인이나 서기관들이 백성들 가운데 끼어서 세례를 받으러 왔을 때에, 그들에게는 세례를 베풀지 않았습니다. 오히려 **"독사의 새끼들아 누가 너희더러 임박한 진노에서 피하라 하더냐"** 하고 책망해서 그들을 쫓아 버렸습니다. 그들은 자기가 지옥 갈 자라고 인정하지 않았기 때문입니다. 그들은 자기 의의 부자들이었고, 자기 의의 꼴찌가 되지 못했기 때문입니다.

예수님께 베푼 요한의 세례

세례 요한이 진정으로 회개한 백성들에게 메시아를 소개하며 세례를 베풀고 있을 때에, 드디어 예수님께서 세례 요한에게 다가 오셨습니다. 예수님께서 요단강 저편에서 자기에게 다가오실 때에 세례 요한은 이미 "저분이구나! 드디어 메시아가 내게로 오시는구나!" 하고 깨달았습니다.

세례 요한은 당황했습니다. 그래서 예수님 앞에 어쩔 줄을 몰라 했습니다. 예수님께서 머리를 숙이시고 세례를 청하자, **"내가 당신에게 세례를 받아야 할 터인데 당신이 내게로 오시나이까"** 하고 손사래를 쳤습니다. 그러자 예수님께서는 아주 준엄하게 명령하셨습니다.

"이제 허락하라 우리가 이와 같이 하여 모든 의를 이루는 것이 합당하니라"(마 3:15).

인류의 대표자가 하나님의 어린양인 예수님의 머리에 안수(按手)의 형식으로 베푼 세례(洗禮)를 통해서 인류의 죄가 단번에 예수님께 넘어갔습니다. 그리고 이 세상에는 **"모든 의"**(All righteousness)가 이루어졌습니다.

세례 요한은 대제사장 아론의 후손입니다. 대제사장은 대속죄일에 이스라엘 백성들이 보는 앞에서 백성을 대표해서 흠 없는 아사셀 염소의 머리에 안수하고 이스라엘 백성의 일 년 치 죄를 고했습니다. 그러면 그 모든 죄가 아론의 어깨를 타고 염소의 머리로 넘어가서 그 죄를 짊어진 염소는 광야에 버려져서 죽었습니다(레 16:20-22).

대속죄일의 제사는 **"장차 오는 좋은 일의 그림자"**(히 10:1), 즉 영원한 속죄 제사의 예고편이었습니다. **"하나님이여 보시옵소서 두루마리 책에 나를 가리켜 기록한 것과 같이 하나님의 뜻을 행하러 왔나이다 하시니라"**(히 10:7). 두루마리 책(구약 성경)에 예언된 계시의 말씀 그대로, 예수님은 우리를 죄에서 구원하시려는 하나님 아버지의 뜻을 성취하러 오셨습니다.

예수님은 성자(聖子) 하나님께서 육신을 입고 오신 분이기에 흠 없는 제물입니다. 그분이 대제사장 아론의 후손이며 여자의 몸에서 난 자 중에 가장 큰 자인 세례 요한에게 안수의 형식으로 세례를 받으셨습니다. 그 세례로 세상 모든 죄가 예수님께 단번에 넘어갔습니다.

그래서 **"우리가 이와 같이 하여 모든 의를 이루는 것이 합당하니라"**(마 3:15)고 예수님은 선포하셨습니다. 예수님께서 세례를 받으신 다음 날, 세례 요한은 증거했습니다: **"이튿날 요한이 예수께서 자기에게 나아오심을 보고 가로되 보라 세상 죄를 지고 가는 하나님의 어린 양이로다"**(요 1:29). 이 말씀은 "어제 저분이 나에게 안수의 형식으로 세례를 받아서 세상의 모든 죄를 담당하셨다"라는 선포입니다.

예수님께서 받으신 세례가 **"요한의 세례"**의 핵심입니다. 요한의 세례를 두 가지로 나눌 수 있지만, **"요한의 세례"**의 중심에는 세례 요한이 예수님께 베푼 세례가 우뚝 서 있습니다. 인류의 대표자인 세례 요한이 하나님의 어린양인 예수님의 머리에 안수를 베풀어서 인류의 모든 죄가 예수님께 다 넘어갔기 때문에, **"그 세례"**(행 10:37)를 믿음으로 우리가 **"죄 사함으로 말미암는 구원"**(눅 1:77)을 받았습니다.

물과 피로 임하신 예수 그리스도

예수님께서 받으신 세례는 십자가에서 흘리신 피와 함께 우리의 구원을 이루는 복음의 축(軸)입니다. 그래서 사도 요한은, **"이는 물과 피로 임하신 자니 곧 예수 그리스도시라 물로만 아니요 물과 피로 임하셨고 증거하는 이는 성령이시니 성령은 진리니라 증거하는 이가 셋이니 성령과 물과 피라 또한 이 셋이 합하여 하나이니라"(요일 5:6-8)고 선포했습니다.

예수님은 **"물과 피로 임"**하신 구원자입니다. 예수님은 요단강 물에 오셔서, 인류의 대표자인 세례 요한에게서 안수의 형식으로 세례를 받으셨습니다. 그 세례로 세상 죄를 담당하시고 십자가로 가셔서, **"다 이루었다"**(요 19:30)라고 외치시고 돌아가시기까지 피를 흘려서 인류의 모든 죄를 단번에 대속(代贖) 하셨습니다. 이제 예수님의 세례와 십자가의 복음, 즉 **"물과 피의 복음"**을 믿는 자는 결코 정죄함이 없습니다. 예수님의 세례와 십자가의 피는 원형의 복음을 구성하는 두 축(軸)입니다.

"물"은 예수님께서 요단강 물에서 받으신 세례입니다.

사도 베드로도 **"그 세례"**가 구원의 표라고 말씀했습니다: **"물은 예수 그리스도의 부활하심으로 말미암아 이제 너희를 구원하는 표니 곧 세례라 육체의 더러운 것을 제하여 버림이 아니요 오직 선한 양심이 하나님을 향하여 찾아가는 것이라"**(벧전 3:21).

예수님께서 니고데모에게, **"진실로 진실로 네게 이르노니 사람이 물과 성령으로 나지 아니하면 하나님 나라에 들어갈 수 없느니라"**(요 3:5) 하신 말씀에서도, **"물"**도 예수님께서 받으신 **"그 세례"**입니다.

예수님께서 인류의 대표자인 세례 요한에게 받으신 **"그 세례"**는 세 가지 요소로 구성되었습니다.

1. 인류의 대표자인 요한의 안수: 세상 죄를 담당하심
2. 물에 잠기심(침수): 장차 십자가에서 돌아가심

3. 물에서 다시 올라오심: 장차 부활하심

따라서 예수님께서 받으신 "그 세례"는 예수님의 구원 사역 전체를 함축하여 계시합니다.

요한의 세례가 어디로부터 왔습니까?

요한의 세례는 하늘로서 온 것입니다. 요한의 세례는 하나님께서 정하신 구원의 법에 있어서 필수적인 사역입니다. 그런데 예수님 당시의 종교 지도자들과 마찬가지로 오늘날 기독교의 지도자들도 예수님께서 받으신 "그 세례"의 능력은 믿지 않고 십자가의 피만 강조합니다. 그 결과 그들은 자기도 거듭나지 못하고, 천국에 갈 수 있는 심령이 가난한 이들이 들어갈 영생의 길도 가로막고 있습니다.

저는 기독교의 지도자들에게 간곡히 부탁을 드립니다. 예수님께서 세례 요한에게 받으신 세례가 "구원의 표"(벧전 3:21)이고 "복음의 시작"(막 1:1)입니다. 예수님께서 받으신 세례와 십자가의 피는 구원의 두 축(軸)입니다. 예수님께서 받으신 세례를 빼놓고는 복음이 성립되지 않습니다. 내 죄가 예수님께 넘어간 적이 없는데, 나의 죄가 어떻게 없어지겠습니까?

요한의 세례, 즉 예수님께서 받으신 세례의 능력을 부인하는 자들은 결코 죄 사함 받지 못합니다. 그래서 죄가 있는 기독죄인(基督罪人)들은 날마다 회개 기도를 하면서 "눈물과 울음과 탄식으로 여호와의 단(복음)을 가리우게"(말 2:13) 하고 있습니다.

"요한의 세례가 하늘로서냐 사람에게로서냐"(눅 20:4).

여러분, 정직하게 자문하시고 하나님 앞에 서기를 바랍니다.

꼴찌들아, 재림의 날에 머리를 들라

"너희가 예루살렘이 군대들에게 에워싸이는 것을 보거든 그 멸망이 가까운 줄을 알라

그 때에 유대에 있는 자들은 산으로 도망할찌며 성내에 있는 자들은 나갈찌며 촌에 있는 자들은 그리로 들어가지 말찌어다

이 날들은 기록된 모든 것을 이루는 형벌의 날이니라

그 날에는 아이 밴 자들과 젖먹이는 자들에게 화가 있으리니 이는 땅에 큰 환난과 이 백성에게 진노가 있겠음이로다

저희가 칼날에 죽임을 당하며 모든 이방에 사로잡혀 가겠고 예루살렘은 이방인의 때가 차기까지 이방인들에게 밟히리라

일월 성신에는 징조가 있겠고 땅에서는 민족들이 바다와 파도의 우는 소리를 인하여 혼란한 중에 곤고하리라

사람들이 세상에 임할 일을 생각하고 무서워하므로 기절하리니 이는 하늘의 권능들이 흔들리겠음이라

그때에 사람들이 인자가 구름을 타고 능력과 큰 영광으로 오는 것을 보리라

이런 일이 되기를 시작하거든 일어나 머리를 들라 너희 구속이 가까왔느니라 하시더라"(눅 21:20-28).

마지막 때에 관한 말씀입니다. 마지막 때에는 먼저 전 세계적인 자연 재난이 덮어 옵니다. 현재 지구 온난화(global warming)는 되돌릴 수 없는 추세로 진행되고 있습니다. 해마다 최고 온도가 갱신되고 극지방의 만년설은 급속도로 녹아내리며 그 총량도 현저하게 감소하고 있습니다. 북극의 만년설 지역이 얼마나 감소했는지를 사

진 자료로 보여 드리겠습니다.

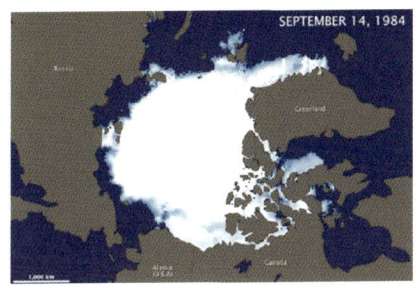 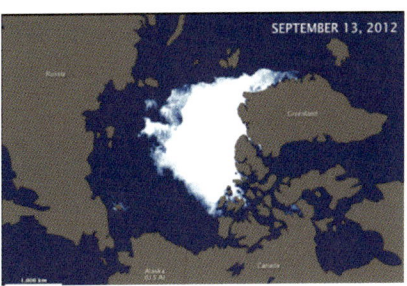

1984년 9월 14일 북극의 해빙 면적   2012년 9월 13일 북극의 해빙 면적
자료: NOAA(National Oceanic and Atmospheric Administration, 미국해양대기청)

 좌측은 1984년 9월 14일, 우측은 2012년 9월 13일의 북극 해빙의 그림입니다. 28년의 시간 차이로 해빙 지역의 면적이 절반으로 줄었습니다. 기상 과학자들은 아주 보수적으로 시뮬레이션을 해도, 2085년에는 북극의 해빙은 완전히 사라진다고 합니다. 좀 더 부정적인 시각으로 시뮬레이션을 하는 과학자들은 2050년 이전에 북극의 해빙은 완전히 사라진다고 주장합니다.

 극지방의 얼음이 사라지면 여름에는 전 지구적인 기온의 급상승, 겨울에는 감당 못할 혹한이 반복됩니다. 북극과 남극에 대규모 빙괴(氷塊)가 지구 온도의 항상성(恒常性, equilibrium)을 유지시켜 주었는데, 극지방의 얼음이 사라진다는 것은 마치 브레이크 없는 기차가 가파른 내리막 철로에 들어선 것과 같은 위기입니다. 앞으로는 혹한과 혹서, 극한 가뭄과 초대형 홍수, 엄청난 태풍과 허리케인 등 모든 기상 이변과 재앙이 전 지구적으로 덮어 올 것입니다.

 남극과 북극의 빙괴(氷塊)가 사라지면, 녹은 물이 분산되면서 지구의 축(軸)이 뒤틀립니다. 지금도 이미 남북극의 극점이 많이 이동했습니다. 그러면 지구의 공전이나 자전에도 변동이 옵니다.

"**일월 성신에는 징조가 있겠고 땅에서는 민족들이 바다와 파도의 우는 소리를 인하여 혼란한 중에 곤고하리라 사람들이 세상에 임할 일을 생각하고 무서워하므로 기절하리니 이는 하늘의 권능들이 흔들리겠음이라**"(눅 21:25-26)는 말씀이 머지않아 이루어집니다. 앞으로는 지금껏 겪어 보지 못했던 사상 초유의 자연 재난들이 무수히 일어날 것입니다.

온난화로 가뭄이 극심해지고 사막화가 진행되면, 물 부족으로 인하여 인접 국가들 간에 전쟁이 일어납니다. 큰 강들을 공유하고 있는 나라들 중에서 상류의 나라가 댐을 건설해서 하류로 흘러갈 물줄기를 끊으면, 하류의 국가들이 댐을 파괴하려고 상류의 국가에 쳐들어갈 것입니다.

그렇게 더 이상 사람이 생존할 수 없는 환경에 식량과 물까지 부족하게 되면 전 세계가 무정부 상태의 혼란에 빠지게 되고, 재난(災難)의 시대(the age of disaster)는 환란(患亂)의 시대(the age of tribulation)로 넘어갑니다.

그때에 강력한 통제력으로 혼란한 세계를 진정시키면서 인기를 얻은 인물이 전 세계의 통치자로 등장합니다. 그가 바로 "**바다에서 나온 짐승**"입니다. 또한 그의 조력자로 통합 종교의 지도자, 즉 "**땅에서 나온 짐승**"도 등장합니다. 그들은 고도의 기술과 강력한 조직과 공포의 통치력으로 전 세계를 장악하고 지배합니다.

땅에서 나온 짐승(거짓 선지자, 계 19:20)은 바다에서 나온 짐승의 우상을 만들고 모든 사람이 그 우상에게 절하도록 강요할 것입니다. 그 우상이 바로 "**멸망의 가증한 것**"(단 12:11, 막 13:14)

입니다. 그들은 모든 사람에게 바다에서 나온 짐승의 상징인 666 표를 받게 할 것입니다. 그 표를 받지 않으면 매매도 못하고 배급도 못 받습니다. 그때가 환란(患亂)의 시대입니다. 그때에 거듭난 의인들은 표를 받지 않고 믿음으로 환란을 견뎌야 합니다.

"이에 비유로 이르시되 무화과나무와 모든 나무를 보라
싹이 나면 너희가 보고 여름이 가까운 줄을 자연히 아나니
이와 같이 너희가 이런 일이 나는 것을 보거든 하나님의 나라가 가까운 줄을 알라"(눅 21:29-31).

무화과나무는 이스라엘을 상징합니다. 하나님께서는 이스라엘 족속을 제사장 나라로 삼으시고 그들의 역사를 기준으로 인류의 구원 섭리를 펼치십니다. 예루살렘이 로마 장군 티투스의 침공으로 성전과 성벽이 돌 하나도 돌 위에 남은 것이 없도록 처참하게 무너진 후, 거의 이천 년이 지나서 이스라엘은 나라가 재건되었습니다. 거의 2,000년 만에 한 민족국가가 재건되는 일은 역사상 단 한 번도 없었습니다.

말라 죽은 것만 같았던 무화과나무에서 새싹이 돋았습니다. 이것은 하나의 상징입니다. 이제 하나님의 마지막 때에 대한 섭리가 완성될 때가 되었다는 뜻입니다. 이스라엘은 재건되지만, 예루살렘은 한 번 더 이방인들에게 짓밟힐 것입니다. 이스라엘은 이방인의 연수가 차기까지 곤란을 겪을 것입니다.

그러나 재난과 환란을 이기고, 끝까지 666표 받기를 거부하며 견딘 믿음의 사람들은 일곱째 나팔 소리와 함께 부활의 영광을 경험합니다. 그리고 바로 휴거(携擧, Rapture)의 영광을 입고 공중으로 끌려 올라가서 공중에 재림하신 예수님과 공중 혼인 잔치에 들어갈 것입니다.

마지막 때에 관한 예언의 말씀들은 **"반드시 속히 될 일"(계 1:1)** 들입니다. 하나님의 말씀은 한 점, 한 획도 땅에 떨어지지 않고 다 이루어집니다.

그러면 지금 우리는 어떤 믿음으로 살아야 합니까?

앞으로 멀지 않은 때에 엄청난 재난(災難)들이 덮칠 것이고, 재난이 극대화되면 더욱 끔찍한 환란(患亂)의 시대가 우리를 덮어 옵니다. 우리는 그런 일들을 대비해서 산속 깊은 곳으로 대피해서 땅굴을 파고 식량을 비축하며, 농사를 지으면서 자급자족할 방도를 찾아야 합니까? 교인들의 재산을 끌어모은 후에 세상으로부터 도피해서 오지(奧地)나 섬으로 은둔하는 이단들이 많습니다.

거듭난 의인들은 그렇게 도망하지 않습니다. 의인들은 어떠한 환란 중에도 우리에게 주신 진리의 복음을 굳게 믿고, 또 주님께서 부탁하신 대로 땅끝까지 복음을 전파하는 일에 우리의 삶을 온전히 드릴 것입니다. 하나님께서는 끝까지 충성하는 의인들을 보호하시고 환란의 때를 넉넉히 이기게 하십니다.

"또 너희가 내 이름을 인하여 모든 사람에게 미움을 받을 것이나

너희 머리털 하나도 상치 아니하리라

너희의 인내로 너희 영혼을 얻으리라"(눅 21:17-19).

요한 계시록에는 아시아의 일곱 교회에 주는 경고의 교훈들이 기록되어 있습니다. 그것이 요한 계시록을 쓰신 목적이기도 합니다. 엄청난 환란들이 덮칠 때에, 우리 거듭난 의인들이 어떻게 해야 합니까? 우리에게는 무엇보다도 환란을 능히 이기는 믿음이 있어야 합니다.

일곱 교회들 중에 빌라델피아 교회만, **"내가 네 행위를 아노니**

네가 적은 능력을 가지고도 내 말을 지키며 내 이름을 배반치 아니하였도다"(계 3:8)라는 칭찬을 받았습니다. 그들은 비록 적은 수였지만, 진리의 복음을 지키며 전파하는 일에 충성했습니다.

반면에 에베소 교회는 외견상 열심을 내며 많은 일을 했지만, 주님은 에베소 교회에게, **"그러나 너를 책망할 것이 있나니 너의 처음 사랑을 버렸느니라"**(계 2:4)고 지적하셨습니다. 에베소 교회에 말씀하신 **"처음 사랑"**은 **"진리의 사랑"**(살후 2:10)인 **원형의 복음**입니다. 에베소 교회는 아주 중대한 잘못을 저질렀습니다. 그들은 원형의 복음인 **"물과 피의 복음"**을 버리고, 사단 마귀가 뿌려놓은 반쪽짜리 복음인 십자가의 피만의 복음을 좇았습니다. 그러한 적폐가 초대 교회 시절부터 나타났습니다.

지금 대부분 기독교인들은 예수님께서 제자들에게 주셨던 원형의 복음을 잃어버리고 반쪽짜리 복음을 믿습니다. 그래서 그들은 기독죄인(基督罪人)으로 남아 있습니다. **"죄의 삯은 사망"**(롬 6:23)입니다. 예수님을 믿든 믿지 않든, 죄가 있으면 지옥의 심판을 받게 됩니다.

당신의 마음에는 죄가 있습니까? 그러면 당신은 **"처음 사랑"**인 원형의 복음을 찾아서 깨닫고, 그 복음을 믿어야 합니다. 하나님은 심령이 가난한 자를 찾으십니다. "주님, 저는 마음에 죄가 있습니다. 저는 지옥에 가야 마땅한 자입니다. 주님, 저를 구원해 주십시오" 하고 하나님의 긍휼을 구하는 꼴찌들을 주님은 반드시 만나 주십니다.

진리의 복음인 물과 피의 복음을 믿는 자들은 흰 눈같이 죄 사함을 받고 의인으로 거듭났습니다. 의인들에게는 **"그러므로 이제 그리스도 예수 안에 있는 자에게는 결코 정죄함이 없나니 이는 그**

리스도 예수 안에 있는 생명의 성령의 법이 죄와 사망의 법에서 너를 해방하였음이라"(롬 8:1-2)는 축복의 말씀이 온전히 이루어졌습니다.

주님은 아시아의 일곱 교회들에게 한결같이 "이기는 자가 되라"라고 말씀하십니다. 오늘날의 세계 정세나 급변하는 자연환경을 볼 때, 지금은 그야말로 자다가도 깰 때이고 이기는 자의 믿음에 굳게 서야 할 때입니다. 우리 모두가 재난과 환란의 때에 복음의 진리를 마음에 간직하고 지켜서 모든 시험과 환란을 이기기를 바랍니다.

"이런 일이 되기를 시작하거든 일어나 머리를 들라 너희 구속이 가까왔느니라 하시더라"(눅 21:28).

우리들은 꼴찌들입니다. 꼴찌들이라야 죄 사함을 받고 거듭날 수 있습니다. 아무것도 내세울 것이 없는 우리들이 오직 성경대로의 복음, **"물과 피와 성령이 합하여 하나"**(요일 5:8)인 원형의 복음을 믿어서 값없이 죄 사함을 받았습니다. 그래서 흰 눈같이 마음의 죄가 씻어진 의인으로 거듭났습니다. 거듭난 우리는 적은 무리이고 별로 내세울 것도 없습니다.

그러나 진리의 복음을 믿어서 거듭난 꼴찌들이 믿음을 지키고 재난과 환란을 이겨서 일곱째 나팔 소리에 머리를 들 것입니다. 지금은 우리가 일어나서 머리를 들 때입니다.

우리는 허락하신 날까지 힘 있게 복음을 전하다가 주님께서 우리를 홀연히 변화시켜서 끌어올리실 때에, 공중에서 주님을 만나게 될 것입니다. 꼴찌들인 우리는 곧 머리를 들고 구름을 타고 오실 주님을 바라볼 것입니다.

할렐루야!

성찬 예식에 담긴 원형의 복음

"저희가 나가 그 하시던 말씀대로 만나 유월절을 예비하니라
때가 이르매 예수께서 사도들과 함께 앉으사
이르시되 내가 고난을 받기 전에 너희와 함께 이 유월절 먹기를 원하고 원하였노라
내가 너희에게 이르노니 이 유월절이 하나님의 나라에서 이루기까지 다시 먹지 아니하리라 하시고
이에 잔을 받으사 사례하시고 가라사대 이것을 갖다가 너희끼리 나누라
내가 너희에게 이르노니 내가 이제부터 하나님의 나라가 임할 때까지 포도나무에서 난 것을 다시 마시지 아니하리라 하시고
또 떡을 가져 사례하시고 떼어 저희에게 주시며 가라사대 이것은 너희를 위하여 주는 내 몸이라 너희가 이를 행하여 나를 기념하라 하시고
저녁 먹은 후에 잔도 이와 같이 하여 가라사대 이 잔은 내 피로 세우는 새 언약이니 곧 너희를 위하여 붓는 것이라"(눅 22:13-20).

예수님께서 잡히시던 날 저녁에, 주님은 제자들과 함께 유월절 저녁 식사를 하셨습니다. 그 자리에서 주님은 성찬의 예식을 세워 주셨습니다. 오늘은 성찬례(聖餐禮)를 세우신 주님의 뜻에 관하여 말씀을 나누고자 합니다.

유월절 예식

하나님의 구원이 가장 선명하게 계시된 구약의 사건 중의 하나가 유월절 사건입니다. 유월절(逾越節, Passover Feast)은 하나님의 사자가 애굽의 모든 장자(長子)를 죽일 때에, 어린양을 잡아서 문설주와 인방에 그 피를 발랐던 이스라엘 백성의 집은 죽음의 사자가 건너뛰어서 생명을 보존하게 했던 사건을 기념하는 축일입니다.

유월절의 규례는 이러합니다: 이스라엘 백성들은 정월(아빕월) 14일 해거름에 흠 없는 수컷 양이나 염소 중 일 년 된 것을 잡아서, 그 피는 각 집의 문설주와 인방에 바르고 고기는 불에 구워서 머리와 내장과 정강이까지 모두 먹었습니다. 그때에 이스라엘 백성은 허리에 띠를 띠고 발에는 신을 신고 손에는 지팡이를 들고 속히 먹었습니다. 애굽의 종살이에서 해방되어 자유의 신분이 되기를 사모하던 그들은 유월절의 규례를 조속히 준행했습니다.

"우리의 유월절 양 곧 그리스도께서 희생이 되셨느니라"(고전 5:7).

예수님은 유월절 어린양으로 오셨습니다. 예수님께서 전 인류를 죄에서 구원할 유월절 어린양이 되셨습니다. 하나님은 누구든지 그 어린양의 살을 먹고 그의 피를 마시는 자는 영생을 얻게 하셨습니다.

보리떡 다섯 개와 물고기 두 마리로 오천 명을 먹이신 후에, 예수님은 당신이 하늘에서 내려온 **"생명의 떡"**(the bread of life)이라고 말씀하셨습니다. 그리고 예수님은 **"생명의 떡"**에 대해서 좀 더 구체적으로 설명해 주셨습니다.

"예수께서 이르시되 내가 진실로 진실로 너희에게 이르노니 인자의 살을 먹지 아니하고 인자의 피를 마시지 아니하면 너희 속에 생명이 없느니라 내 살을 먹고 내 피를 마시는 자는 영생을 가졌고 마지막 날에 내가 그를 다시 살리리니

내 살은 참된 양식이요 내 피는 참된 음료로다 내 살을 먹고 내 피를 마시는 자는 내 안에 거하고 나도 그 안에 거하나니 살아 계신 아버지께서 나를 보내시매 내가 아버지로 인하여 사는 것 같이 나를 먹는 그 사람도 나로 인하여 살리라"(요 6:53-57).

예수님의 살과 피의 의미

예수님의 살을 먹고 예수님의 피를 마시는 자는 영생을 얻습니다. "먹는다" 또는 "마신다"라는 말씀은 "믿는다"라는 의미입니다. 따라서 이 말씀은 "예수님의 살(세례의 능력)을 믿고, 또 예수님의 피(십자가의 대속)를 믿는 자는 죄 사함을 받고 영생을 얻는다"라는 뜻입니다. 이 진리가 성찬의 예식(禮式) 안에 그대로 담겨 있습니다.

먼저 주님의 몸(살)은 무엇이며, 주님의 피는 무엇을 의미하는지를 알아야 합니다. 주님께서 떡을 들어서 하나님께 감사의 기도를 드리고 **"이것은 너희를 위하여 주는 내 몸이라"** 하신 말씀에서, **"내 몸"**은 예수님께서 받으신 세례를 의미합니다.

모든 복음서는 하나님의 아들이신 예수님께서 요단강에 오셔서 세례 요한에게 세례를 받으신 사건을 복음의 시작점으로 잡고 기술하고 있습니다. 마가복음은 아예 **"하나님의 아들 예수 그리스도 복음의 시작이라"**(막 1:1) 하고 선포한 후에, 바로 세례 요한의 등장과 그가 예수님께 세례를 베풀었다는 사실을 기록하고 있습니다.

예수님께서 받으신 세례가 복음의 시작이고 우리를 향한 구원 사역의 출발점입니다. 예수님께서 요단강에서 인류의 대표자인 요한에게 안수의 형식으로 받으신 세례는 세상의 모든 죄가 예수님께 다 넘어간 구원의 역사입니다. "**그 세례**"(행 10:37)로 세상 죄가 예수님께 넘어가서 예수님께서는 "**세상 죄를 지고 가는 하나님의 어린양**"(요 1:29)이 되셨습니다.

이 모든 역사는 예수님께서 육체(몸, 살)로 임하셨기에 가능했습니다. 영(靈)이신 성자 하나님께서 신성(神性) 그대로인 영으로 이 땅에 오셨다면, 세례 요한이 어떻게, 어디에 안수를 해서 인류의 죄를 넘기겠습니까? 따라서 예수님의 몸(살, 육체)이라는 표현은 주님이 흠 없는 어린양으로 오셔서 요한에게 받으신 세례를 전제하는 말씀입니다.

주님께서 떡을 들어서 감사의 기도를 드리고 떼어 주시면서, "**받아 먹으라 이는 내 몸이니라**" 하신 것은 "내가 너희들을 위해서 요단강에서 받은 세례의 능력을 믿어라"라는 뜻입니다.

또 포도주는 주님께서 세례로 담당한 우리들의 모든 죄를 십자가에서 "**다 이루었다**" 하고 돌아가시기까지 흘리신 피를 상징합니다. 따라서 포도주 잔을 마시는 것은, 예수님의 피는 당신이 세례로 담당하신 우리의 모든 죄를 깨끗이 갚은 능력의 피라는 사실을 믿음으로 고백하는 것입니다.

성찬의 예식은 "내 살을 먹고 내 피를 마시는 자는 영생을 얻는다"라는 요한복음의 메시지를 그대로 담고 있습니다. 예수님의 세례와 예수님의 십자가의 피를 둘 다 믿어야만 죄 사함을 받고 의인으로 거듭나서 영생을 얻습니다.

"내가 너희에게 전한 것은 주께 받은 것이니 곧 주 예수께서 잡히시던 밤에 떡을 가지사 축사하시고 떼어 가라사대 이것은 너희를 위하는 내 몸이니 이것을 행하여 나를 기념하라 하시고

식후에 또한 이와 같이 잔을 가지시고 가라사대 이 잔은 내 피로 세운 새 언약이니 이것을 행하여 마실 때마다 나를 기념하라 하셨으니 너희가 이 떡을 먹으며 이 잔을 마실 때마다 주의 죽으심을 오실 때까지 전하는 것이니라"(고전 11:23-26).

예식이라는 것은 중요한 사건이나 교훈을 잘 보존해서 후대에 전하기 위한 제도 또는 격식(그릇)입니다. 어떤 내용물을 전달하려면 그릇이 있어야 하듯이, 예식을 통해서 우리는 어떤 중대한 사건이나 교훈을 전수합니다. 예를 들면, 삼일절, 광복절 같은 국가 기념일도 하나의 예식입니다. 매년 3월 1일에 삼일절 기념식을 거행함으로써 우리는 삼일 운동의 정신을 대대로 기념하고 소중히 보존하게 됩니다.

아주 중요한 교훈이나 진리 또는 역사적 사건을 잘 간직하고 전수하기 위해서 세워 놓은 것이 예식(제도)이기 때문에, 예식을 잘 지키는 것은 의미가 있습니다. 형식이나 예식도 중요하지만, 더 중요한 것은 그 안에 담긴 내용물입니다. 그런데 세월이 흘러가면서 소중한 내용물은 잃어버리고 껍데기(제도)가 더 중요시되는 경우가 많습니다.

복음의 변질과 함께 성찬 예식도 껍데기만 화려한 종교적 예식으로 변했습니다. 가톨릭교회나 동방교회에서는 성찬의 예식이 점점 더 정형화되고 또 예식에 쓰이는 기구들도 금이나 은으로 도금해서 화려하게 만들었습니다. 성찬 예식을 집전하는 신부(神父)들의 복식도 극히 화려해지고 진행문이나 기도문도 정형화해서 엄숙하게 거행합니다. 성찬의 떡(빵)들도 획일적으로 통일하고 고상한

모양으로 제조합니다.

원래는 성찬의 예식은 예배 중에 하나님의 말씀을 나눈 후에, 성도들이 함께 식사를 하면서 예수님의 몸과 피를 기념한 예식입니다. 이를 위하여 성도들은 모일 때에 자기의 형편대로 음식을 가지고 왔습니다. 교회의 인도자는 그 음식들을 다 함께 나누면서, 먼저 떡(빵)을 들어서 감사의 기도를 드리고 떼어 주면서, **"받아 먹으라 이것은 그리스도의 몸이다"** 라고 선포했습니다.

또 빵을 먹은 후에 포도주를 따라서 그 잔을 들고, **"이것은 주님께서 우리의 죄를 갚기 위해서 흘린 언약의 피다. 이 예식을 행해서 주님의 구원을 기념해야 한다"** 라고 선포했습니다.

이와 같이 예수님께서 세례 요한에게 받으신 세례는 진리의 복음을 구성하는 중요한 요소이며, 불가결한 한 축(軸)입니다. 자전거로 예를 들자면, 자전거는 몸체와 앞바퀴와 뒷바퀴로 조합되어 있습니다.

자전거의 몸체(body)는 성령의 증거에 해당됩니다. "예수님은 하나님의 아들인데, 흠 없는 제물이 되기 위하여 육신을 입고 오셨다"라고 증거합니다.

앞바퀴는 예수님께서 받으신 세례의 증거에 해당합니다. 예수님께서 서른 살이 되셨을 때에 요단강에 오셔서 인류의 대표자인 세례 요한에게 안수의 형식으로 세례를 받으셨습니다. **"그 세례"**(행 10:37)로 예수님은 세상의 모든 죄를 담당하셨습니다.

뒷바퀴는 예수님께서 십자가에서 흘리신 피의 증거에 해당합니다. 예수님은 받으신 세례로 담당한 세상의 모든 죄를 십자가로 지고 가셔서 당신이 흘리신 피로 깨끗이 갚아 주셨습니다.

몸체와 앞바퀴, 뒷바퀴가 하나를 이루어야 온전한 자전거이듯이,

"성령과 물(세례)과 피가 합하여 하나"(요일 5:8)입니다. 그런데 온전한 자전거에서 앞바퀴를 떼어 버렸다면, 그것이 자전거의 기능을 하겠습니까? 마찬가지로, **"성령과 물(세례)과 피가 합하여 하나"**(요일 5:8)인 진리의 복음에서 **"물,"** 즉 **예수님께서 받으신 세례의 능력을** 빼 버린 십자가의 피만의 복음이 죄 사함의 능력을 발휘하겠습니까? 그런 반쪽짜리 복음은 아무 능력이 없습니다. 그래서 십자가의 피만의 복음을 믿는 이들이 기독죄인(基督罪人)으로 남아 있는 것입니다.

"성령과 물(세례)과 피의 증거"(요일 5:8)가 합하여 하나입니다. 이 셋이 다 있어야 온전한 복음이며, 이 진리의 복음을 믿어야 죄 사함을 받고 의인(義人)으로 거듭납니다. "예수님께서 인류의 대표자인 세례 요한에게 안수의 형식으로 세례를 받으실 때에 인류의 모든 죄를 다 담당하셨다"라는 진리를 믿는 것이 예수님의 살(몸)을 먹는 것입니다. "예수님께서 십자가에 못 박혀서 세례로 담당한 인류의 죄를 당신의 보혈로 다 갚아 주셨다"라고 믿는 것이 예수님의 피를 마시는 것입니다.

"물과 피로 임하신"(요일 5:6) 예수 그리스도께서 완성하신 구원의 사역이 **"물과 피의 복음"**입니다. 예수님은 요단강 물에서 받으신 세례와 십자가의 피로 우리의 모든 죄를 완벽하게 없애 주셨습니다. 예수님께서 사도들과 제자들에게 주셨던 **"물과 피의 복음"**이 원형(原形)의 복음(the Original Gospel)입니다.

원형복음의 능력

원형의 복음은 능력이 있습니다. 이 진리의 복음을 믿어서 거듭난 의인들은 성령님을 선물로 받아서 죽음도 두려워하지 않고 복음을 전하며 진리를 수호했습니다. 사단 마귀가 이 복음을 없애려고 핍박하니까 복음의 불길은 유대 땅을 넘어 이방인의 땅으로 퍼지며 요원의 불길처럼 일어났습니다.

로마인들과 유대교 지도자들이 작당하여 거듭난 의인들을 원형경기장에 넣고 사자의 밥이 되게 하거나, 화형(火刑)을 시키면서 구경거리로 삼을 때에, 의인들은 하나님을 찬양하며 의연히 죽음을 맞이했습니다. 그들의 의연한 모습에 충격을 받은 사람들은 "도대체 저들이 믿는 예수가 누구길래 죽음 앞에서도 저들은 저렇게 의연하단 말인가?" 하며 예수님을 믿게 되었습니다.

그러자 사단 마귀는 "야, 이거 안되겠다. 새로운 전략(Plan B)으로 가자. 복음을 믿게 허락하되, 세례의 능력을 빼 버린 반쪽짜리 복음을 믿게 하자!" 하는 계략을 써서 대성공을 거두었습니다. 그 결과 비슷한데 아닌 것, 즉 사이비(似而非)의 복음, 알곡과 비슷한데 속이 텅 빈 "쭉정이의 복음"이 온 세상을 덮게 되었습니다.

"**내 살을 먹고 내 피를 마시는 자는 영생을 얻는다**"라고 말씀하셨는데, 예수님의 살(세례)은 빼 버리고 피만 마시는 기독교인들이 세상을 덮게 되었습니다. 예수님께서 받으신 세례의 진리를 잃어버린 오늘날 기독교인들에게는 "내 죄가 예수님께 분명히 넘어갔다"라는 증거가 없습니다. 그 결과 기독교인들의 마음에 죄가 있습니다.

주님은 "**내 살을 먹고 내 피를 마시는 자는 영생을 얻는다**"라는 진리를 믿음으로 지키게 하기 위해서 성찬의 예식을 세워 주시고, 주님께서 다시 오실 때까지 이 예식을 지키도록 부탁하셨습니다. 그러나 기독교인들은 사단 마귀가 변질시킨 반쪽짜리 복음을 좇아 예수님의 살을 빼 버리고 십자가의 피만 믿습니다. 그 결과 기독교인들은 마음에 죄가 그대로 있는 기독죄인(基督罪人)들로 남아 있습니다. 그들은 모이기만 하면, 눈물을 흘리며 회개 기도를 드립니다. 그래도 마음의 죄는 그대로 있습니다.

"**죄의 삯은 사망**"(롬 6:23)입니다. 죄가 있으면 지옥에 갑니다. "주여! 주여!" 한다고 다 천국에 가는 것이 아닙니다. 불법을 행하는 자들은 지옥에 갑니다. 마음에 흰 눈같이 죄 사함 받지 못한 자들은 지옥에 가는 것이 합당합니다.

성찬식은 매우 중요한 예식입니다. 성찬의 예식 안에 담겨 있는 원형의 복음을 잘 보존하고 후대에 전해 주라고 예수님께서 세워 주신 소중한 제도입니다. "**내 살을 먹고 내 피를 마시는 자는 영생을 얻는다**"라는 진리를 믿어서 거듭난 의인들은 예수님께서 받으신 세례와 예수님께서 흘리신 십자가의 피, 이 두 가지를 다 믿습니다.

"**물과 피와 성령이 합하여 하나**"(요일 5:8)인 원형의 복음이 온전히 담겨 있는 예식이 바로 주님께서 잡히시던 날 저녁에 세우신 성찬의 예식입니다. 곧 잡혀 가실 예수님께서 이제는 제자들에게 더 이상 가르쳐 주실 시간이 없었습니다. 그래서 성찬의 예식 안에 진리의 복음을 내용물로 담아서 당신이 다시 오실 때까지 지키라고 명하셨습니다. 그런데 후대의 기독교인들이 사단 마귀의 계략에 걸려들어서, 그들은 성찬 예식에 담긴 원형의 복음을 잃어버렸습니다.

그러나 우리 꼴찌들은 원형의 복음을 생명처럼 믿습니다. 온전한 복음은 "**물과 피와 성령이 합하여 하나**"(요일 5:8)인 복음이고 이 진리의 복음은 성찬의 예식에 온전히 담겨 있습니다.

거듭난 의인들은 주님의 살을 먹고 주님의 피를 마십니다. 우리는 예수님께서 육체로 임하셔서 받으신 세례의 능력을 믿고, 세례로 담당하신 세상 죄를 도말(塗抹) 하신 예수님의 보혈의 능력을 믿습니다.

꼴찌들이 오직 믿음으로 얻은 구원

"또 다른 두 행악자도 사형을 받게 되어 예수와 함께 끌려 가 니라

해골이라 하는 곳에 이르러 거기서 예수를 십자가에 못 박고 두 행악자도 그렇게 하니 하나는 우편에, 하나는 좌편에 있더라

이에 예수께서 가라사대 아버지여 저희를 사하여 주옵소서 자기의 하는 것을 알지 못함이니이다 하시더라 저희가 그의 옷을 나눠 제비 뽑을쌔

백성은 서서 구경하며 관원들도 비웃어 가로되 저가 남을 구원하였으니 만일 하나님의 택하신 자 그리스도여든 자기도 구원할찌어다 하고

군병들도 희롱하면서 나아와 신 포도주를 주며

가로되 네가 만일 유대인의 왕이어든 네가 너를 구원하라 하더라

그의 위에 이는 유대인의 왕이라 쓴 패가 있더라

달린 행악자 중 하나는 비방하여 가로되 네가 그리스도가 아니냐 너와 우리를 구원하라 하되

하나는 그 사람을 꾸짖어 가로되 네가 동일한 정죄를 받고서도 하나님을 두려워 아니하느냐

우리는 우리의 행한 일에 상당한 보응을 받는 것이니 이에 당연하거니와 이 사람의 행한 것은 옳지 않은 것이 없느니라 하고

가로되 예수여 당신의 나라에 임하실 때에 나를 생각하소서 하니

예수께서 이르시되 내가 진실로 네게 이르노니 오늘 네가 나와

함께 낙원에 있으리라 하시니라"(눅 23:32-43).

　예수님께서 십자가에 못 박히셨을 때에, 함께 십자가 형을 받은 두 행악자 중의 한 사람에게 구원을 선포하신 말씀입니다.
　예수님께서는 십자가에 못 박혀서 여섯 시간 동안 절규하시면서 온몸의 피를 다 쏟으셔서, 받으신 세례로 담당하신 세상 죄를 깨끗이 갚아 주셨습니다. "물과 피로 임하신" 예수님께서 완성하신 하나님의 의를 믿는 우리는 값없이 의롭다 하심을 얻었습니다.

한편 행악자가 얻은 구원

　예수님께서 십자가에 달리셨을 때에, 두 행악자도 함께 십자가 좌우편에 못 박혔습니다. 그중 한 행악자는, "네가 그리스도가 아니냐 너와 우리를 구원하라"라며 예수님을 조롱했습니다.
　그러자 다른 편의 행악자가 그를 꾸짖으면서, "네가 동일한 정죄를 받고서도 하나님을 두려워 아니하느냐 우리는 우리의 행한 일에 상당한 보응을 받는 것이니 이에 당연하거니와 이 사람의 행한 것은 옳지 않은 것이 없느니라" 하고 예수님을 옹호했습니다. 그는 예수님을 향해서, "예수여 당신의 나라에 임하실 때에 나를 생각하소서"라고 간청했습니다.
　그러자 예수님께서, "내가 진실로 네게 이르노니 오늘 네가 나와 함께 낙원에 있으리라"라고 말씀하셨습니다. 예수님께서 고난 중에도 행악자의 고백과 간청을 듣고 기뻐하시면서 그에게 구원을 선포하셨습니다.
　누가복음은 한결같이 "자기 의의 꼴찌들이라야 구원을 받는다"

라고 선포합니다. 십자가에 매달려서 예수님을 구주로 고백한 이 한편 행악자(行惡者)는 세상에서 자신이 제일 꼴찌라고 인정한 사람입니다. 그는 지금까지 죄만 짓는 행악자로 살다가 십자가에 못 박혀서야 예수님을 만났으니, 이제는 선행을 하거나 의로운 삶을 살 기회조차 없는 자입니다. 이 행악자는 인간의 의로 치면, 자타가 인정하는 꼴찌였습니다. 그런데 주님은 꼴찌라야, 즉 자기 의가 전혀 없는 자라야 구원을 받는다고 말씀하십니다.

하나님께서는 세상의 모든 죄를 이미 없애 주셨지만, 그렇다고 아무나 다 구원을 받지는 못합니다. 자기가 의의 꼴찌라는 사실을 인정하고 하나님의 긍휼을 바라는 자라야 **"물과 피로 임하신"(요일 5:6)** 예수님의 진리의 복음을 만나고 믿어서 죄 사함을 받고 영생을 얻습니다.

이 행악자는 **"당신의 나라에 임하실 때에 나를 생각하소서"**라고 고백했습니다. 그는 예수님께서 받으신 세례와 십자가의 피로 완성하신 구원의 사역과 장차 이 땅에 다시 오셔서 베푸실 천년왕국과 최후의 심판에 대해서 이미 알고 믿었습니다. 그의 믿음을 아시는 예수님께서, **"내가 진실로 네게 이르노니 오늘 네가 나와 함께 낙원에 있으리라"**라는 축복의 말씀을 그에서 선포하셨습니다.

자기 의의 꼴찌인 그 행악자는 예수님을 믿지도 않았고 죄만 짓고 살았습니다. 그런데 십자가에 달려서 아무것도 할 수 없을 때에, 자기의 곁에 못 박히신 예수님이 오리라 한 메시아임을 깨닫고 믿음으로 고백해서 구원을 받았습니다. 세상에서 제일 꼴찌인 죄인이 오직 믿음으로 모든 죄를 사함 받고 천국 영생을 얻은 것입니다. 이 행악자가 구원을 받은 것은, 천국의 영생은 오직 믿음으로 얻는다는 진리를 확증합니다.

인간의 의로는 결코 들어갈 수 없는 천국

"여자의 몸에서 난 자 중에 세례 요한보다 큰 이가 일어남이 없도다 그러나 천국에서는 극히 작은 자라도 저보다 크니라"(마 11:11).

대부분의 기독교인들은 이 말씀을 오해합니다. 그들은 세례 요한은 옥에 갇혔을 때 자기 제자들을 예수님께 보내서, "오실 그이가 당신이오니이까 우리가 다른 이를 기다리오리이까"(마 11:3) 하고 물었다는 부분을 문제 삼습니다. 그런 오해로 인해, 세례 요한은 믿음의 시험이 들어서 천국에 들어가지 못했다고 주장하는 이들이 제법 있습니다.

인간의 의로는 세례 요한이 인류 중에서 가장 큰 자였지만, 인간의 의로는 아무도 천국에 들어가지 못합니다. 아무리 깨끗해 보여도 **"우리의 의는 다 더러운 옷"**(사 64:6)과 같습니다. 한편 행악자가 오직 믿음으로 의롭다 하심을 얻은 것처럼, 누구든지 하나님의 의를 옷 입어야만 천국에 들어갑니다. 이 행악자가 천국에 들어가기는 했는데, 천국에서는 가장 작은 자입니다. 그래도 이 행악자가 구원자 예수님을 믿어서 얻은 **"하나님의 의"**(롬 1:17)가 세례 요한의 의보다 비교할 수 없게 컸습니다.

"그러면 요한이 제자들을 보내서, '오실 그이가 당신이오니이까 우리가 다른 이를 기다리오리이까' 하고 묻게 한 것은 뭡니까? 세례 요한이 예수님을 의심했다는 증거가 아닙니까? 그래서 예수님도 '그러나 천국에서는 극히 작은 자라도 저보다 크니라' 하고 세례 요한의 의를 인정하지 않으신 것이 아닌가요?" 이렇게 항변하는 이들이 많습니다.

요한이 믿음과 경건한 삶으로 이룬 의는 아브라함이나 모세가 쌓은 의보다 더 큽니다. 그가 예수님께 안수의 형식으로 세례를 베풀어서 세상 죄를 다 넘긴 다음 날, 요한은 자기에게 나아오는 예수님을 가리키며 **"보라 세상 죄를 지고 가는 하나님의 어린양이로다"**(요 1:29) 하고 제자들에게 선포하며 자기의 제자들을 예수님께로 보냈습니다.

그는 이제 제자들에게, "나는 점점 작아져야 하고 저분은 점점 커져야 한다"라고 가르치며 모든 제자들이 예수님께 가기를 원했습니다. 자기가 역사의 뒤안길로 사라져야만 예수님의 구원의 빛이 더 밝게 빛날 것을 알기에, 그는 일부러 헤롯왕을 자극해서 감옥에 갇혔고 죽기를 자청한 것입니다.

그런데 요한의 제자들 중에는 요한에게 끝까지 충성하려는 "진상" 제자들이 몇 명 있었습니다. 요한이 아무리 설득해도 그들의 요한에 대한 충성심은 꺾이지 않았습니다. 그래서 세례 요한은 "너희들이 예수님께로 가서 그분에게 직접 여쭤 보거라" 하며 그들을 예수님께로 보냈을 것입니다.

"여자의 몸에서 난 자 중에 세례 요한보다 큰 이가 일어남이 없도다 그러나 천국에서는 극히 작은 자라도 저보다 크니라"(마 11:11).

그만큼 세례 요한은 의로웠고 하나님을 경외한 사람이었지만, 그의 인간의 의로는 결코 천국에 들어갈 수 없습니다. 인간의 의는 육신의 동기들이 섞여 있기 때문입니다. 그래서 예수님께서, "비록 세례 요한의 의가 인류 전체 중에서 가장 클지라도, 진리의 복음을 믿음으로 얻은 하나님의 의와는 견줄 수가 없다"라고 말씀하신 것입니다.

구원에 관한 유대인들의 기본 지식

예수님 곁에서 십자가 형을 받았던 두 행악자 중의 하나가 예수님을 믿어서 구원을 받았습니다. 유대인들은 기본적으로 구원의 도를 잘 압니다. 아무리 행악자라 하더라도, 그들은 하나님이 계신 것은 믿었고 또 그들은 속죄 제사에 대해서도 잘 알고 있었습니다. 그들은 제사장들이 성전에서 날마다 조석(朝夕)으로 상번제(常燔祭)를 드리는 것을 보면서 자랐습니다. 자기들도 죄를 지으면 흠 없는 어린양을 끌고 제사장 앞으로 나아가서, 그 어린양의 머리에 안수해서 자기의 죄를 넘긴 후에 목을 따서 그 피로 제사를 드렸습니다. 속죄 제사에 계시된 하나님의 구원의 법을 그들은 잘 알고 있었습니다.

그래서 유대인들은 "오실 메시아가 바로 예수님, 이분이다"라는 사실만 믿으면 죄 사함을 받고 거듭날 수 있었습니다. 구원의 도를 기본 지식으로 깨닫고 있었던 유대인들은 예수가 그리스도라는 것만 알면, 구원의 복음이 마음 안에서 작동할 수 있었습니다. 그래서 사도들이 유대인들에게 복음을 전할 때에는, **"이 예수가 곧 그리스도"**(행 17:3)라고 전했습니다. 그런데 이방인들에게 복음을 전할 때에는, 예수님께서 받으신 세례에서부터 복음을 전했습니다.

베드로가 로마의 백부장 고넬료의 집에 들어가서 복음을 전할 때, "만유의 주 되신 예수 그리스도로 말미암아 화평의 복음을 전하사 이스라엘 자손들에게 보내신 말씀 곧 요한이 그 세례를 반포한 후에 갈릴리에서 시작되어 온 유대에 두루 전파된 그것"(행 10:36-37)"을 전했습니다. 즉 이방인들에게는 세례 요한이 반포한 **"그 세례"**(the baptism)에서부터 복음을 전해 주어야 했습니다.

한편 행악자는 적어도 하나님의 구원의 은혜가 어떻게 임하는지를 알고 있었으므로, 자기 옆에 못 박혀서 고난을 당하는 분이 하나님의 어린양으로 오신 메시아라는 사실을 믿어서 구원을 받았습니다. 그는 함께 달린 자기 동료를 책망하면서, **"이 사람의 행한 것은 옳지 않은 것이 없느니라"**라고 예수님께 대한 믿음을 고백했습니다.

예수님은 육신을 입고 오신 성자(聖子) 하나님입니다. 예수님은 요한에게 세례를 베풀어 달라고 청하실 때에, **"이제 허락하라 우리가 이와 같이 하여 모든 의를 이루는 것이 합당하니라"**(마 3:15)고 명하셨습니다. 흠 없는 어린양으로 오신 예수님은 세례 요한에게 안수의 형식으로 세례를 받으셔서 세상 죄를 당신의 몸에 짊어지셨습니다.

예수님께서 받으신 세례로 **"세상 죄를 지고 가는 하나님의 어린양"**(요 1:29)이 되셨습니다. 그리고 십자가에 못 박혀서 **"다 이루었다"**(요 19:30)라고 외치시고 운명하시기까지 흘리신 보혈로 인류의 모든 죄를 완벽하게 대속(代贖) 하셨습니다. 예수님은 우리를 대신하여 죽음을 맛보시고 셋째 날에 부활하셨습니다.

구원의 표인 예수님의 세례

베드로 사도는 **"물은 예수 그리스도의 부활하심으로 말미암아 이제 너희를 구원하는 표니 곧 세례라"**(벧전 3:21)고 선포해서 예수님의 세례에서 부활까지가 주님의 의로운 행동이며, 예수님의 세례는 **"구원의 표"**라고 말씀했습니다. 성자 하나님께서 육신으로 임하셔서, 우리의 죄를 도말(塗抹) 하시려고, 세례를 받으시고 십자가에서 피를 흘리시고 돌아가셨다가 부활하신 일련의 사역은 모든 옳은 일입니다.

그래서 사도 바울은 예수님의 구원 사역을 **"의의 한 행동"**(롬 5:18)이라고 선포했습니다. 자기의 의가 전혀 없었던 십자가의 한편 행악자도 예수님의 구원 사역에 감사하면서, **"이 사람의 행한 것은 옳지 않은 것이 없느니라"**라고 고백했습니다. 주님께서 행하신 **"의의 한 행동"**(롬 5:18)을 믿는 자는 그 행악자처럼 자기는 아무 공로가 없을지라도 값없이 의롭다 함을 얻고 천국의 영생에 들어가게 됩니다.

그런데 안타까운 일은 대부분의 기독교인들이 예수님께서 받으신 세례의 능력을 모릅니다. 그들은 십자가의 피만 믿습니다. 그런 믿음에는 자기의 죄가 예수님께로 넘어간 증거의 말씀이 없기 때문에, 그들의 마음에는 죄가 있을 수밖에 없습니다. 그래서 그들은 모이기만 하면 회개 기도를 드리고 어떻게 하든지 자기의 죄를 덮어 보려고 노력합니다.

그것은 마치 아담이 범죄한 후에 날마다 무화과 나뭇잎으로 치마를 만들어서 자기의 수치를 가리려던 것과 같은 위선의 행위입니다. 자기가 뭔가 선한 일을 하고 공로를 쌓아서 자기의 수치를 가리려는 노선이 바로 종교(宗敎)입니다.

어떤 율법사가 예수님께 나아와서 **"선생님이여, 내가 무엇을 하여야 영생을 얻으리이까"**라고 물었습니다. 대부분의 기독교인들도 무엇을 해서 하나님께 인정을 받고 구원을 얻으려는 종교의 프레임을 벗어나지 못하고 있습니다. 그들은 존 번연의 『천로역정』(*Pilgrim's Progress*)의 프레임에 갇혀 있습니다. "주인공 크리스천이 죄의 짐을 짊어지고 갖은 고난과 유혹을 겪으면서 인내로 견뎌 내서 구원을 받는다"라는 이야기는 십자가의 행악자가 얻은 구원과 너무나 거리가 먼 종교적 프레임에서 나온 산물입니다.

자기 의의 꼴찌들이라야 구원을 받습니다. "주님, 저는 아무것도 내세울 것이 없습니다. 저는 평생에 죄만 짓고 살았습니다. 주님, 저를 불쌍히 여겨 주십시오" 하고 고백하는 꼴찌들이 값없이 주시는 구원의 은혜를 입습니다. 하나님 앞에서 아무것도 내세울 것이 없는 자들이 오직 **"물과 피로 임하신"** 예수 그리스도의 **"한 영원한 제사"**(히 10:12)의 능력을 믿어서 죄 사함을 받고 영생의 구원을 얻습니다.

자기 의의 부자인 자칭(自稱) 의인들

페이스북(Facebook)에 올린 글들을 보면, 자기의 의를 자랑하는 얘기들이 많습니다. 자기의 의가 충만한 "자칭(自稱) 의인"들은 구원을 받지 못합니다. 예수님께서 바리새인들에게 "나는 의인을 부르러 온 것이 아니라 죄인을 불러 회개시키러 왔다"라고 말씀하셨습니다. 자기 의의 부자(富者)가 천국에 들어가는 것은 낙타가 바늘귀로 들어가는 것보다 어렵습니다.

그런데도 자기 의를 쌓고 그 의에 도취되어서 "나만큼만 해 봐라" 하며 으쓱대는 현대판 바리새인들이, 즉 베데스다 못가의 일등주의자들이 기독교라는 종교의 세계에서는 인정과 칭찬을 받고 있습니다. "내가 봉사의 일등이다. 내가 목회의 일등이다. 내가 설교의 일등이다. 내가 기도의 일등이다. 나는 말씀을 살아내는 데 일등이다. 나는 겸손의 일등이다" 등등 수많은 일등들이 서로를 칭찬하며 고개를 높이 쳐들고 존경받는 맛에 신앙생활을 하는 곳이 종교화된 기독교입니다.

　그러나 내가 무엇을 해서 일등을 차지해야만 영생을 얻는 것이 아닙니다. 누구든지 오직 지옥에 갈 수밖에 없는 자기를 하나님 편에서 완전하게 구원해 주신 은혜의 복음을 믿어야만 구원을 얻습니다. 아직 마음에 죄가 있는 기독죄인들은 자기가 거듭난 자도 아니며 구원을 받지 못한 죄인이라는 사실을 시인하고, 십자가의 한편 행악자처럼 심령이 가난한 자가 되어야 합니다. 자기 의가 전혀 없는 자들만이 주님께서 주시는 의의 옷을 입을 수 있습니다.

　임금님께서 자기 아들의 혼인 잔치를 베풀고 있는데, 잔치 자리에 임금님이 주신 예복을 입지 않고 자기 옷을 입고 들어온 자가 있었습니다. 임금님은 그를 묶어서 바깥 어두운 데 내던지라고 명하셨습니다. 대부분의 기독교인들이 더러운 동기가 섞인 자기의 의를 자랑합니다. 그리고 자기의 공로에 스스로 만족하며 위안을 삼습니다. 그러나 인간의 의는 하나님 앞에서 더러운 옷과 같습니다.

　"사랑하는 주님, 제가 이렇게 주님을 위해서 헌신했고, 희생을 했고, 주님을 위해서 험한 선교지에 들어가서 자식까지도 죽게 했고, 제 몸에 병을 얻었으며, 저의 삶을 바쳤나이다. 제가 구원을 받지 못하면 누가 구원을 받겠습니까?"

　이런 사람은 자기의 공로, 자기의 선행, 자기의 희생 등으로 늘 감정이 충만합니다. 그러나 감정은 수시로 변할 수 있습니다. 제가 요즈음 어떤 분과 교제를 하고 있는데, 그분은 기도할 때 너무 은혜가 넘쳐서 눈물이 복받친다고 합니다. 감정을 바탕으로 한 신앙은 허상(虛像)입니다.

종교인들은 자신을 위해서 울어야 합니다

믿음은 기록된 진리의 말씀을 확인하고 확신하는 것입니다. 참된 믿음은 감정과는 상관이 없습니다. 오늘 본문의 앞에는 예수님께서 십자가를 지고 고난을 당하는 모습을 본 여자들에게 주님께서 권면하신 말씀이 기록되어 있습니다.

"**예수께서 돌이켜 그들을 향하여 가라사대 예루살렘의 딸들아 나를 위하여 울지 말고 너희와 너희 자녀를 위하여 울라**"(눅 23:28).

예수님께서는 감정에 휩싸여 우는 종교인의 자세를 책망하십니다. 자기 마음에 죄가 있는 이들은, 자기 자신을 위해서 울어야 합니다. "**죄의 삯은 사망**"(롬 6:23)입니다. 죄가 있으면 지옥에 갑니다. 기독죄인들은 자기가 지옥에 갈 자라는 사실 앞에 서서, 자신을 위해서 울어야 합니다. 그들은 예수님께서 고난을 받으시는 것을 보고 예수님을 동정해서 울었습니다. 그러나 울 일이 아닙니다. 예수님은 당연히 그 고난의 길을 가셔야 했습니다. 주님께서 받으신 세례로 나의 모든 죄를 담당하셨기 때문입니다.

그런데 기독죄인(基督罪人)들은 주님께서 받으신 세례로 자기의 죄가 주님의 몸에 온전히 넘어갔다는 진리를 결사적으로 거부합니다. "**내 살을 먹고 내 피를 마시는 자는 영생을 얻는다**"라고 말씀하셨건만, 그들은 이를 악물고 주님의 살은 먹지 않고, 피만 마시려고 합니다. 그 결과, 죄인인 그들은 자기 자신을 위해서 울어야 하는 처지가 되었습니다.

오직 꼴찌라야 믿음으로 구원을 얻습니다. 삭개오가 얻은 구원, 나사로가 얻은 구원, 어떤 강도 만난 자가 얻은 구원, 자기 의를 다 잃어버린 둘째 아들이 얻은 구원 등은 꼴찌들이라야 구원을 받는다는 비밀을 밝히 증거하고 있습니다.

하나님의 의를 믿어서 단번에 거룩하게 되고 하나님의 자녀가 되는 영광의 구원을 누가 받았습니까? 제일 꼴찌인 십자가의 한편 강도가 받았습니다. 자기 의의 꼴찌들이라야 구원을 받습니다. 이것이 누가복음의 일관된 메시지입니다.

성경의 사건 속에서, 자기 자신을 누구와 동일시(identify) 해야 하느냐가 매우 중요합니다. 어떤 강도 만난 자의 비유에서는, 우리가 강도를 만나서 거반 죽게 된 사람 곁에 같이 엎드려야 합니다. 그를 구원한 어떤 사마리아 사람과 자기를 동일시하려는 것은 턱도 없는 마음 자리입니다.

간음하다 현장에서 붙잡힌 여자의 사건 현장에서, 우리는 그 여자에게 돌을 던지는 자들 편에 설 것이 아니라 간음한 여인의 옆에 엎드려야 합니다. "주여, 나도 이 여인과 같이 간음한 자입니다. 저는 아름다운 여인을 보면 늘 음욕을 품는 자입니다" 하고 고백하는 자가 구원을 받습니다.

우리에게는 아무것도 내세울 것이 없습니다. 우리는 십자가에 매달린 한편 행악자 곁에 매달려서, 주님께서 우리와 같이 아무 공로 없는 자들을 온전히 구원하신 진리의 복음을 믿음으로 의지하는 자들이 되어야 합니다.

자기 의의 꼴찌들이 오직 믿음으로 구원을 얻게 하는 것이 하나님의 뜻입니다. 할렐루야!

죄 사함을 얻게 하는 부활의 증인들

"이 말을 할 때에 예수께서 친히 그 가운데 서서 가라사대 너희에게 평강이 있을찌어다 하시니

저희가 놀라고 무서워하여 그 보는 것을 영으로 생각하는지라

예수께서 가라사대 어찌하여 두려워하며 어찌하여 마음에 의심이 일어나느냐

내 손과 발을 보고 나인 줄 알라 또 나를 만져보라 영은 살과 뼈가 없으되 너희 보는 바와 같이 나는 있느니라

이 말씀을 하시고 손과 발을 보이시나

저희가 너무 기쁘므로 오히려 믿지 못하고 기이히 여길 때에 이르시되 여기 무슨 먹을 것이 있느냐 하시니

이에 구운 생선 한 토막을 드리매

받으사 그 앞에서 잡수시더라

또 이르시되 내가 너희와 함께 있을 때에 너희에게 말한바 곧 모세의 율법과 선지자의 글과 시편에 나를 가리켜 기록된 모든 것이 이루어져야 하리라 한 말이 이것이라 하시고

이에 저희 마음을 열어 성경을 깨닫게 하시고

또 이르시되 이같이 그리스도가 고난을 받고 제 삼일에 죽은 자 가운데서 살아날 것과

또 그의 이름으로 죄 사함을 얻게 하는 회개가 예루살렘으로부터 시작하여 모든 족속에게 전파될 것이 기록되었으니

너희는 이 모든 일의 증인이라

볼찌어다 내가 내 아버지의 약속하신 것을 너희에게 보내리니 너희는 위로부터 능력을 입히울 때까지 이 성에 유하라 하시니

라"(눅 24:36-49).

"나는 너희의 하나님이 되려고 너희를 애굽 땅에서 인도하여 낸 여호와라 내가 거룩하니 너희도 거룩할찌어다"(레 11:45).

율법은 우리에게 거룩할 것을 요구합니다. 그러나 우리 모두는 연약하고 부족해서 율법이 요구하는 거룩함에 결코 도달할 수가 없습니다. 사람으로서는 할 수 없는 율법의 요구를 하나님께서 이루어 주셨습니다.

우리를 거룩하게 하신 구원의 도

"율법이 육신으로 말미암아 연약하여 할 수 없는 그것을 하나님은 하시나니 곧 죄를 인하여 자기 아들을 죄 있는 육신의 모양으로 보내어 육신에 죄를 정하사 육신을 좇지 않고 그 영을 좇아 행하는 우리에게 율법의 요구를 이루어지게 하려 하심이니라"(롬 8:3-4).

우리 스스로는 도저히 율법이 요구하는 바, 죄가 전혀 없는 거룩한 상태에 이를 수 없기에, 하나님 아버지께서는 당신의 외아들을 아낌없이 대속(代贖)의 제물로 보내 주셨습니다. 하나님께서는 당신의 외아들인 예수님이 인류의 대표자인 세례 요한에게 안수의 방식으로 세례를 받게 하셔서, **"우리 무리의 죄악을 그에게 담당"**(사 53:6) 시키셨습니다. 예수님께서 받으신 세례는 인류의 모든 죄와 허물을 예수님의 육신에 넘겨 정(定) 하신 능력의 세례입니다.

이제 **"육신을 좇지 않고 영을 좇아 행하는"** 자에게는 율법의 요구인 거룩함이 이루어졌습니다. 육신을 좇는 자란, 자기 육체의 노력으로 의에 도달하려고 하는 종교인을 의미합니다. 모든 종교인은 자기 스스로의 노력으로 거룩함에 이르려는 공로주의 노선을 좇습니다. 불교의 경우 스님들은 생명을 걸고 수도와 고행을 합니다. 기독교인들이 스스로 성화에 이르려는 노력들도 육신을 좇는 것이며 종교의 노선입니다.

"**영을 좇아 행하는 우리**"는 자기의 생각을 부인하고 하나님의 말씀을 믿습니다. 우리 스스로는 결코 거룩해질 수 없는데, 하나님께서 당신의 외아들을 "**죄 있는 육신의 모양으로 보내어 육신에 죄를 정하사**" 우리를 거룩하게 만들어 주셨다는 진리의 말씀을 믿어서, 우리는 죄 사함을 받고 거룩해졌습니다.

예수님의 육신에 우리의 죄를 정한 사건, 이것이 바로 예수님께서 받으신 세례입니다. 예수님은 "**그 세례**"(the baptism, 행 10:37)로 우리의 모든 죄를 짊어지셨기에, "**보라 세상 죄를 지고 가는 하나님의 어린양이로다**"(요 1:29)라는 증거를 받으셨습니다. 세상의 모든 죄를 담당하신 예수님은 "**육체의 고난을 받은 자가 죄를 그쳤음이니**"(벧전 4:1)라고 하신 말씀대로 십자가의 끔찍한 형으로 육체의 고난을 받으셨습니다. 주님께서 대속의 고난과 죽음을 맛보셨기에, 주님께서 행하신 "**의의 한 행동**"(롬 5:18)을 믿는 우리에게는 사망과 심판이 없습니다.

단번에 그친 죄의 강수(江水)

이스라엘 백성들이 애굽을 탈출해서 사십 년 동안 광야 길을 헤매다가 드디어 약속의 땅 가나안의 경계인 요단강에 이르렀습니다. 그때는 모맥(麰麥)을 거두는 철인데, 더운 날씨로 인해서 북쪽 고산 지대의 눈이 녹아내리면서 요단강 물은 범람할 정도로 많았고 급히 흘렀습니다. 누구든지 요단강에 발을 딛는 순간에, 강물에 휩쓸려 죽을 지경이었습니다.

그러나 여호수아의 명을 받은 제사장들은 믿음으로 언약궤를 메고 담대히 강물을 디뎠습니다. 그 순간 요단강 물이 저 멀리 사르단에 가까운 아담 읍(邑) 변방에서부터 사해(死海)까지 그쳐 섰습니다. 이스라엘 백성들은 노인부터 어린아이까지 한 명도 강물에 쓸려가지 않았고, 마른 강바닥을 건너서 안전하게 약속의 땅에 들어갔습니다.

이것은 장차 요단강 복판에 오셔서 세례를 받으실 예수님이 인류의 죄의 강수(江水)를 단번에 그치실 것을 계시한 사건입니다. 예수님께서 요단강 복판에 오셔서 세례를 받으실 때에 저 멀리 인류의 첫 조상 아담에서부터 세상 종말을 계시하는 사해(死海)까지의 모든 죄가 예수님께 다 빨려 들어가서 죄의 강수가 말라 버렸습니다.

저와 여러분들의 평생의 죄도 예수님께서 요단강에서 세례 받으신 그때에 예수님께로 다 빨려 들어갔습니다. 예수님은 **"이와 같이 하여"**(마 3:15), 즉 안수의 방법으로 받으신 세례로 세상 죄를 지고 가는 하나님의 어린양이 되셨습니다. 예수님은 세상 죄를 짊어지고 십자가로 가셔서 **"다 이루었다"**라고 외치시고 운명하시기까지 피를 흘려서, 우리의 죄에 대한 심판을 대신 받아 주셨습니다.

인류 전체의 죄에 대한 심판의 대가를 주님께서 완벽하게 지불하신 것입니다. 그냥 공수표를 내밀면서, "그냥 너희 죄가 없다고 치자"라고 하신 것이 아닙니다. 우리는 오직 믿음으로 값없이 구원을 얻었지만, 주님은 죽음의 고난을 받으셔서 세상 죄의 값을 온전히 지불하셨습니다.

진리의 복음은 **"물(세례)과 피의 복음"**입니다. 십자가의 피만의 복음은 반쪽짜리의 복음입니다. 당신이 피만의 복음을 죽도록 믿어도, 당신의 마음의 죄는 결코 없어지지 않습니다. 오늘날의 기독교인들이 다 죄인이 아닙니까? 내 죄가 주님께로 넘어간 세례의 능력을 빼 버린 반쪽짜리의 복음이 어떻게 죄를 흰 눈같이 씻을 수 있겠습니까? 기독교인들이 예수님을 실컷 믿고도 죄인인 이유는 자신의 죄가 주님께로 넘어간 세례의 말씀을 부인하기 때문입니다.

우리 구원의 확증인 예수님의 부활

"또 이르시되 이같이 그리스도가 고난을 받고 제 삼일에 죽은 자 가운데서 살아날 것과 또 그의 이름으로 죄 사함을 얻게 하는 회개가 예루살렘으로부터 시작하여 모든 족속에게 전파될 것이 기록되었으니"(눅 24:46-47).

주님께서 십자가에 못 박혀 피를 흘리시고 돌아가신 것이 우리 구원의 완성입니다. 그리고 주님께서 부활하신 것은 우리 구원의 확증입니다. 사도들이 성령의 충만함을 받고 주의 복음을 증거할 때에, 그들은 구원의 확증으로 주님의 부활을 선포했습니다. 주님께서 부활하신 것은 우리의 죄가 실제로 없어졌다는 확증입니다. 주님께서 우리 죄를 세례로 담당하시고, 십자가에서 **"다 이루었다"** 외치시기까지 우리의 죄를 도말(塗抹) 하셨습니다. 그리고 이 사실을 확증하는 증거가 예수님의 부활입니다.

어떤 사람이 죄를 짓고 감옥에 들어가서 그 죗값을 다 치르고

만기(滿期)가 되어서 석방되었습니다. 그러면 그 죄의 심판은 완결(完決) 된 것입니다. 다시는 그 죄 때문에 기소되거나 유죄 판결을 받지 않습니다. 그것을 일사부재리(一事不再理)의 원칙이라고 하며, 형사 소송법 상의 대원칙입니다.

"그리스도께서 이미 육체의 고난을 받으셨으니 너희도 같은 마음으로 갑옷을 삼으라 이는 육체의 고난을 받은 자가 죄를 그쳤음이니(벧전 4:1)."

이 원칙은 영적으로도 동일합니다. 예수님께서는 인류의 죄를 짊어지시고 우리를 대신해서 심판을 받으셔서 우리의 죗값을 온전히 지불하시고 사망에 이르셨다가 부활하셨습니다. 그것으로 우리 죄가 그쳤습니다. 요단강 물이 아담 읍 변방에서부터 사해까지 완전히 말랐던 것처럼, **"물과 피로 임하신"**(요일 5:6) 예수님께서 드려 주신 한 영원한 제사로 우리의 죄의 강수는 온전히 그쳤습니다.

"그러므로 이제 그리스도 예수 안에 있는 자들에게는 결코 정죄함이 없나니"(롬 8:1).

"물과 피로 임하신" 예수님을 구주로 믿는 우리에게는 이제 죄가 없습니다. 진리의 복음을 믿는 사람은 죄가 전혀 없는 의인으로 거듭났습니다. "나는 의인입니다"라고 담대하게 외칠 수 있는 사람은 **"물과 피와 성령이 합하여 하나"**(요일 5:8)인 **성경대로의 복음**(고전 15:3)을 믿는 성도들뿐입니다.

예수님의 부활은 우리의 부활

주님께서 사망의 권세를 깨뜨리고 부활하셨습니다. 예수님의 부활은 예수님의 세례와 십자가의 피를 믿는 우리의 부활입니다. 예수님께서 인류의 대표자인 세례 요한에게 안수의 형식으로 세례를 받으신 사역은 우리의 옛사람이 실제로 예수님 안으로 들어가게 한 사건입니다.

예수님께서 받으신 세례의 효력을 믿는 자는 "예수와 합하여 세례를 받은 자"입니다. 흠정역(欽定譯, King James Version) 성경은 "예수와 합하여 세례를 받았다"라는 말씀을 "예수님 안으로 들어가는 세례를 받았다"(so many of us as were baptized into Jesus Christ)라고 번역하고 있습니다.

"무릇 그리스도 예수와 합하여 세례를 받은 우리는 그의 죽으심과 합하여 세례 받은 줄을 알지 못하느뇨"(롬 6:3).

"Know ye not, that so many of us as were baptized into Jesus Christ were baptized into his death?" (Rom 6:3, KJV).

예수님께서 받으신 세례는 전 인류의 옛사람이 예수님의 육체 안으로 들어간 역사이기에, 예수님께서 십자가에서 돌아가실 때에 우리의 죄의 몸도 그때에 주님과 함께 죽었습니다. 그리고 예수님께서 다시 살아나셨을 때에 우리는 주님 안에서 새 생명으로 부활했습니다. 이러한 믿음이 있는 자라야 사도 바울의 고백을 자기의 고백으로 선포할 수 있습니다.

"내가 그리스도와 함께 십자가에 못 박혔나니
그런즉 이제는 내가 산 것이 아니요
오직 내 안에 그리스도께서 사신 것이라
이제 내가 육체 가운데 사는 것은
나를 사랑하사 나를 위하여 자기 몸을 버리신
하나님의 아들을 믿는 믿음 안에서 사는 것이라"(갈 2:20).

예수님께서 안수의 형식으로 받으신 세례의 진리를 믿지 않고

서는 결코 그리스도와 함께 죽을 수가 없고 주님과 함께 부활할 수도 없습니다. 예수님은 하나님의 아들이신데, 그분이 우리와 같은 육신을 입고 오셔서 물과 피의 사역으로 우리를 구원하셨습니다. 진리의 원형복음을 구성하는 세 가지 증거, 즉 성령의 증거와 물의 증거와 피의 증거를 온전히 다 믿는 사람만이 "나는 의인입니다" 하고 담대하게 고백할 수 있으며, 큰 확신으로 자신은 부활의 영을 얻은 자라고 선포할 수 있습니다.

영의 눈이 열려야 합니다

오늘의 본문 첫 구절에 **"이 말을 할 때에"**(눅 24:36)라는 말씀의 배경은 이렇습니다: 글로바(Cleopas)라는 제자와 다른 한 제자가 예루살렘에서 엠마오를 향해서 내려가고 있었습니다. 그들은 비참하게 돌아가신 예수님을 생각하면서 낙망과 슬픔에 잠겨 있었습니다. 그때에 부활하신 주님께서 그들을 만나서 "무슨 얘기를 하느냐?" 물으셨습니다. 글로바가 "당신은 어찌 예루살렘을 떠들썩하게 했던 그 일을 모르느냐?" 하면서 예수님에 관해서 얘기를 해 주었습니다.

글로바는 또 "그분은 선지자인데, 대제사장과 관원들이 그분을 로마 총독에게 넘겨주었습니다. 그분이 십자가에 못 박혀서 돌아가신 지 사흘이 지났습니다. 그런데 우리 중에 어떤 여자들이 새벽에 무덤에 갔다가 그분이 살아나셨다는 소식을 전했습니다. 그래서 다른 두어 사람이 무덤에 가 보았으나 부활하셨다는 예수님은 보지 못했습니다" 하고 증언하였습니다.

그러자 예수님은, **"미련하고 선지자들의 말한 모든 것을 마음에 더디 믿는 자들이여 그리스도가 이런 고난을 받고 자기의 영광에 들어가야 할 것이 아니냐"(눅 24:25-26) 하고 그들을 책망하셨습니다.

예수님은 성경을 들어서 그리스도의 받으실 고난과 부활의 영광을 일깨워 주시니, 그들의 마음이 점점 뜨거워졌습니다. 엠마오에 도착했는데, 그들은 더 가시려고 하는 예수님을 붙잡았습니다. 그들이 예수님을 모시고 집에 들어가서 함께 식사를 하게 되었습니다. 예수님께서 떡을 들어서 감사의 기도를 드리시고 나눠 주실 때에, 그들의 눈이 열려서 그제야 주님이신 줄을 깨달았습니다.

"저희와 함께 음식 잡수실 때에 떡을 가지사 축사하시고 떼어 저희에게 주시매 저희 눈이 밝아져 그인 줄 알아 보더니 예수는 저희에게 보이지 아니하시는지라"(눅 24:30-31).

예수님께서 잡히시던 날 저녁, 유월절 만찬의 자리에서 세우신 성찬의 예식에서 주님은 떡을 떼어서 제자들에게 주시면서 "이것은 내 몸이니 받아 먹으라"라고 말씀하셨습니다. 두 제자는 그제야 영의 눈이 열려서 부활하신 주님을 알아보게 되었습니다.

구원의 주님, 부활의 주님

주님은 우리 인류를 죄에서 구원하시려고 육체로 임하신 성자(聖子) 하나님입니다. 흠 없는 제물로 오신 예수님은 인류의 대표자인 세례 요한에게 안수의 방식으로 세례를 받으셔서 인류의 죄를 당신의 육체에 담당하셨습니다. 예수님은 받으신 세례로 **"세상 죄를 지고 가는 하나님의 어린양"**(요 1:29)이 되셨습니다.

예수님은 인류의 죄를 짊어지고 십자가에 못 박히셨습니다. 주님은 여섯 시간 동안 온몸의 피를 흘려서 세상 죄의 값을 온전히 지불하신 후에 **"다 이루었다"**라고 크게 외치시고 돌아가셨습니다. 예수님은 아버지의 뜻대로 인류의 죄를 완전하게 없애 주셨기에, 죽음에서 부활하셨습니다.

"증거하는 이가 셋이니 성령과 물과 피라 또한 이 셋이 합하여 하나이니라"(요일 5:8).

물과 피와 성령이 증거하는 진리의 복음을 믿으면 **"죄 사함으로 말미암는 구원"**(눅 1:77)을 받습니다. 진리의 복음을 믿으면, 마음의 죄가 흰 눈같이 씻어집니다.

그러나 십자가의 피만의 복음은 아무리 믿어도 죄가 없어지지 않습니다. 그것은 반쪽짜리의 복음이며, 사단 마귀가 뿌려 놓은 사이비(似而非)의 복음입니다. 그것은 기독죄인들이 믿어서 경건의 모양만 내는 가짜 복음입니다.

"또 그의 이름으로 죄 사함을 얻게 하는 회개가 예루살렘으로부터 시작하여 모든 족속에게 전파될 것이 기록되었으니"(눅 24:47).

성경에서 **"이름"**은 본질을 의미합니다. **"그(예수님)의 이름"**은 진리의 복음을 의미합니다. 부활하신 주님은 진리의 복음을 믿는 우리들이 죄 사함을 얻게 하는 복음의 증인이 되라고 부탁하셨습니다.

예수님의 말씀을 믿고 좇은 이들은 대체로 변방의 갈릴리 사람들입니다. 베드로만 하더라도 **"학문 없는 범인"**(행 4:13)이라고 멸시를 받았습니다. 제자들은 대체로 아무도 알아주지 않는 꼴찌들이었습니다. 그런데 꼴찌들이 진리의 복음을 믿어서 거듭났으며, 부활의 증인들이 되었고 죄 사함을 얻게 하는 진리의 복음을 증거했습니다.

우리들도 꼴찌들입니다. 세상에서 인정받을 만한 스펙도, 모임의 규모도 없습니다. 그런데 우리와 같은 꼴찌들이 진리의 복음을 믿어서 거듭났습니다. 그리고 죄 사함을 얻게 하는 복음의 증인들로 부르심을 받았습니다. 제주 변방의 꼴찌들이 복음의 증거자들이 되었습니다. 우리는 **"물과 피와 성령이 합하여 하나"**인 원형의 복음만이 진리의 복음이라고 담대하게 증거하고 있습니다.

누가 인정하든 말든, 우리는 상관이 없습니다. 우리를 이단이라고 비난해도 아무 상관이 없습니다. 만왕(萬王)의 왕이신 주님께서 우리의 믿음을 정통이라고 칭찬하시고, 주님께서 세상 끝날까지 우리와 함께 하시겠다고 약속하셨습니다.

우리는 변방의 꼴찌들이지만, 이 진리의 복음을 외치다가 주님께서 다시 오실 때에 부활의 영광에 들어갈 것입니다. 그리고 주님께로부터, **"잘하였다 착한 종이여 네가 지극히 작은 것에 충성하였으니 열 고을 권세를 차지하라"**(눅 19:17)는 칭찬을 들을 것입니다.

주 예수여 오시옵소서! 할렐루야!

꼴찌들의 복음 (2)
누가복음 강해 설교집

1판 1쇄 발행 2022년 8월 16일

Copyright © 2022 by Uijedang Press
All rights reserved. No part of this publication may be reproduced, distributed, or transmitted in any form or by any means, without the prior written permission of the publisher.

발행처   도서출판 의제당
주소   제주특별자치도 제주시 계명길 10 (외도일동) 2층
홈페이지 www.born-again.co.kr / 의제당.kr
연락처 : (064) 742-8591
블로그   pilgrim1952.blog.me
문의   uijedang@naver.com

Author   Samuel J. Kim
Editor   Tim J. Kim
Cover Art   Leah J. Kim
Illustrator   Eunyoung Choi

ISBN 979-11-87235-58-3 04230
         979-11-87235-56-9 (세트)

가격   10,000 원

※ 잘못된 책은 구입하신 서점에서 바꿔 드립니다.

[도서출판 의제당 출간서적]

창세기 복음 강해설교집
창세기에서 예수님을 만나다
1,2,3,4,5,6,7

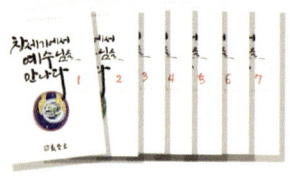

히브리서 강해설교집
복음의 원형과 영원한 속죄 1,2

요한서신서 강해설교집
1. 빛과 어두움 그리고 진리의 사랑
2. 물과 피 그리고 복음의 원형

로마서 강해설교집
1. 의인입니까 / 2. 의인입니다

마태복음 강해설교집
모든의를 이루신 예수 그리스도 1,2,3,4

요한복음 강해설교집
거듭남의 복음 (1), (2)

말라기서 강해설교집
레위와 세운 나의 언약

그리스도의 비밀
(한글판/영문판)

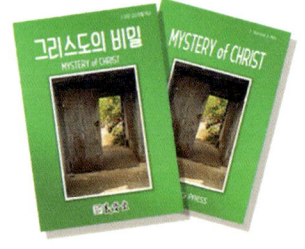

고린도전후서 강해설교집
반면교사 고린도교회

인봉된 말씀

신앙담론집
종교인과 신앙인

창세기시리즈 1권
영어번역본

50일동안 성경 통독하고 거듭나기